SOUVENIRS
RELIGIEUX ET MILITAIRES
DE LA CRIMÉE

PARIS. — TYP. SIMON RAÇON ET COMP., RUE D'ERFURTH, 1.

SOUVENIRS

RELIGIEUX ET MILITAIRES

DE LA CRIMÉE

PAR

LE R. P. DE DAMAS

DE LA COMPAGNIE DE JÉSUS

AUMÔNIER DE L'ARMÉE D'ORIENT

PARIS
JACQUES LECOFFRE ET Cie, LIBRAIRES-ÉDITEURS
RUE DU VIEUX-COLOMBIER, 29

L'Auteur et les Éditeurs se réservent le droit de traduction et de reproduction.

1857
1856

AVANT-PROPOS

La Russie avait déclaré la guerre à la Turquie.

La France et l'Angleterre crurent voir dans cet événement une cause de nature à compromettre l'équilibre européen. Elles prirent parti pour le sultan.

Une armée de soixante mille hommes fut immédiatement dirigée sur Constantinople.

Les Russes ayant mis le siége devant Silistrie, les provinces danubiennes semblaient devoir être le théâtre de la guerre ; et Gallipoli fut choisie comme centre des opérations stratégiques de l'armée anglo-française. Mais la brusque retraite des Russes bouleversa tout à coup les projets des alliés et les força à changer leur plan d'attaque.

Un débarquement près de Sébastopol parut le meilleur moyen de hâter le dénoûment de la campagne. La Crimée fut choisie comme une sorte de champ clos où de valeureux champions décideraient par une lutte à mort les intérêts engagés.

L'expédition fut décidée.

L'auteur de ce petit ouvrage est prêtre et religieux. A ce double titre, il doit s'abstenir de juger le fait. Les événements politiques sont hors de sa sphère ; il les ignore ; c'est son devoir et la conséquence d'une position qui lui défend toute autre préoccupation que celle du salut des âmes.

Pour la même raison, il lui est interdit de juger le mouvement de la guerre et ses opérations stratégiques. La science des armes ne saurait être la sienne.

Il ne prétend donc pas ici raconter l'histoire

complète de cette campagne mémorable. Encore moins se permettra-t-il de l'apprécier dans son ensemble ou dans ses détails. Des plumes exercées et compétentes le feront assurément. L'Europe le leur demande.

Son but unique, en publiant cet écrit, est d'apporter sa faible part d'hommages à une armée dont il a eu l'honneur de partager les chances pendant les deux ans qu'a duré la campagne de Crimée.

Ses lettres, écrites une à une sous l'impression des circonstances, sont la traduction vivante de ce qu'il a vu et admiré. Il est heureux de les présenter au public comme un nouveau témoignage de la grandeur morale et de l'énergie sublime du militaire français.

SOUVENIRS
RELIGIEUX ET MILITAIRES
DE LA CRIMÉE

PREMIÈRE LETTRE

DÉPART DE VARNA. — BATAILLE DE L'ALMA.

A M. LE COMTE DE ***

Octobre 1854.

Mon cher ami, je suis à peine installé d'hier sous ma tente, et déjà me voici à l'ouvrage. Une cantine me sert de siége; mon encrier est placé à terre, et j'écris sur mes genoux. Je veux tenir ma promesse, vous le voyez; et vous n'attendrez pas longtemps des nouvelles de la terre de Crimée.

Je ne vous raconterai pas mon passage à travers la Méditerranée. Les rêveries et les impressions d'un voyageur ne sont plus de saison en temps de guerre. Et cependant j'aurais besoin de vous parler de Malte, le foyer des nobles souvenirs. Quelle jouissance pour le pèlerin d'Orient d'aborder à ce rocher d'où s'élancèrent tant de héros! Quel bonheur pour un Français de s'agenouiller sur le pavé de marbre de l'église Saint-Jean, dont chaque dalle est le tombeau d'un grand homme! quel bonheur surtout de voir toutes ces choses, lorsqu'on part pour une guerre dirigée contre les envahissements du schisme grec! — Smyrne elle-même, l'entrepôt du commerce du Levant, malgré les charmes séducteurs de son climat, ne dit presque rien à l'imagination du pèlerin qui arrive sous la profonde impression des souvenirs de Malte.

A l'entrée des Dardanelles, nous avons relâché quelques heures à Gallipoli, premier séjour de l'armée française en Turquie. Nous nous sommes hâtés de parcourir ce théâtre de tant de douleurs. Une grande croix domine le cimetière, où reposent bien des hommes venus pour la gloire, et décimés à la fleur de l'âge par un mal cruel [1].

---

[1] Le choléra prit en Orient une extension désastreuse, dit M. de la Bédollière. Il débuta à Gallipoli, envahit le Pirée, et enfin les camps établis autour de Varna. Parmi ses premières

Très-peu d'heures après, nous étions en face de Constantinople. Eh bien, le croiriez-vous ? Quelle que soit la magnificence de cette ville en amphi-

victimes, on compte deux généraux de brigade : le duc d'Elchingen et M. Carbuccia. Le premier, fils du maréchal Ney, était aimé dans l'armée autant pour lui-même que pour son père. Dès les premiers symptômes, il se sentit perdu. Brusquement dépossédé d'un nom illustre, d'un rang élevé, d'une carrière de gloire, il chercha des consolations dans les croyances religieuses, qu'il avait probablement négligées avant ce moment suprême. Il ne se trouvait alors dans le camp de Gallipoli qu'un seul ecclésiastique, un jésuite, le père Gloriot. Le duc d'Elchingen le fit mander, et, après s'être confessé, il lui dit : « Vous pouvez revenir dans une ou deux heures pour m'administrer. »

Le père Gloriot fut exact au rendez-vous. Voyant le général assoupi, il lui tâta le pouls, et reconnut que la dernière heure était proche. Il le réveilla doucement, et le moribond, comprenant ce que signifiait la visite de l'ecclésiastique, murmura ces mots : « Faites, mon père, je suis prêt. »

Les cérémonies de l'extrême-onction s'accomplirent, et, au bout de quelques minutes, le duc d'Elchingen n'était plus.

Le général Carbuccia mourut trois jours après, le 9 juillet. Il avait amené d'Afrique la brigade d'infanterie qu'il commandait. C'était non-seulement un intrépide militaire, mais encore un savant distingué. Pendant son séjour en Algérie, il s'était occupé de recherches archéologiques qui avaient attiré l'attention de l'Académie des inscriptions et belles-lettres, dont il avait été nommé correspondant. Ses funérailles, comme celles du duc d'Elchingen, furent suivies par les Turcs avec autant d'empressement que par les Français.

Le confesseur de ces deux généraux, dans une lettre à l'évêque de Beauvais, a retracé leurs derniers moments en ces termes :

« Le premier, dit le père Gloriot, des deux généraux mois-

théâtre, à laquelle ses nombreuses coupoles forment autant de couronnes, et dont les minarets et les mosquées, au style original, attirent les regards des

sonnés par le choléra, le duc d'Elchingen, fils du maréchal Ney, était un homme aussi distingué par l'élévation de son esprit que par la politesse exquise de ses manières. Le dimanche, il avait présidé à la messe militaire; deux jours après, son aide de camp accourait auprès de moi en me disant : « Vite, monsieur l'abbé, auprès du général, il vous demande, il est au plus mal. » Au moment où je me rendais dans sa chambre, le général me tendit la main en me disant, en présence de son état-major : « Mon-
« sieur l'aumônier, je tiens à ce qu'on sache que c'est moi qui
« vous ai fait appeler; je veux mourir en bon chrétien. » Et il se confessa.

« Après avoir reçu l'absolution, il croisa ses mains sur sa poitrine, offrit à Dieu le sacrifice de sa vie, et lui adressa la prière la plus touchante pour sa femme et ses enfants. Vers trois heures de l'après-midi, je le trouvai assez mal pour lui administrer l'extrême-onction; à huit heures, je pénétrai une dernière fois dans sa chambre; elle était remplie de tout ce que l'armée possède de plus distingué. Le général entrait en agonie : je me mis à genoux pour réciter les prières des mourants; ses deux aides de camp étaient à mes côtés, tenant des flambeaux allumés. Au moment où je terminais, ce brave guerrier rendait son âme à Dieu au milieu des sanglots des assistants.

« Le général Carbuccia avait conduit le deuil aux obsèques du duc d'Elchingen, et, trois jours après, il le suivait au tombeau. La veille de sa mort, je l'avais rencontré au moment où je me rendais à l'hôpital; quelques heures après, il me faisait appeler. Il était Corse, et avait la foi ardente des habitants de cette île : il accomplit ses devoirs avec la plus tendre ferveur.

« Sous l'impression d'épouvante que causait le choléra, les sentiments religieux se ranimaient dans tous les cœurs : les offi-

moins curieux, nous considérâmes à peine la reine du Bosphore, tant nous nous sentions pressés de rejoindre l'armée. Nous étions nombreux comme

ciers étaient les premiers à recourir à mon ministère, et ils venaient me trouver à toutes les heures du jour et de la nuit. J'entendais souvent leurs confessions en me rendant d'un hôpital à l'autre; d'autres fois, je les rencontrais m'attendant dans les escaliers intérieurs de l'hôpital. Je m'appuyais sur la rampe; ils se mettaient à genoux à mes côtés, et recevaient le pardon de leurs fautes. Quand ils m'apercevaient dans les rues, ils descendaient de cheval, me remerciaient affectueusement et ajoutaient presque toujours : « Ah! mon père, si je suis atteint, ne manquez « pas de vous rendre au premier appel. »

Le corps de santé militaire paya un lourd tribut au mal qu'il s'efforçait de combattre : il perdit, entre autres hommes regrettables, les médecins-majors Pontier et Lagèze, les médecins aides-majors Plassan, Musard, Stéfané, Dumas, Gérard et Claquart. C'étaient autant de combattants tués sur le champ de bataille; mais, quoique l'exemple de ces victimes de leur zèle fût de nature à refroidir les courages, le formidable ennemi n'en fut pas moins vigoureusement combattu. Dans ses rapports au ministre de la guerre, le maréchal de Saint-Arnaud vante l'énergie que tous opposent à l'épidémie. « Partout, dit-il, je trouve la *grande nation*... un moral de fer, un dévouement au-dessus de l'admiration. Tout le monde se multiplie; les soldats sont devenus des sœurs de charité. » Il donne des éloges particuliers aux officiers de santé, aux fonctionnaires de l'intendance et à ceux des différentes administrations, sans oublier les aumôniers de l'armée, qui se sont prodigués au chevet des malades. Des sœurs hospitalières sont venues de Constantinople au Pirée, à Gallipoli et à Varna; partout elles ont été accueillies comme des anges consolateurs, leur présence seule a fait le plus grand bien.

passagers militaires à bord; on voulait nous envoyer à Varna, où de nouveaux bateaux nous auraient recueillis et transportés en Crimée; mais ce voyage nous eût retardés de huit jours au moins. Le colonel de Saint-Pol et moi, nous obtînmes la permission de faire transporter nos bagages et nos personnes sur un petit vapeur qui chauffait pour Kamiesh. A trois heures on leva l'ancre. Je ne vous dirai pas tout ce que nous éprouvâmes de plaisir, lorsqu'au sortir de la Corne-d'Or, par une belle soirée, au milieu d'une atmosphère tiède, sur une mer parfaitement calme, assis sur le pont du navire, nous nous sentîmes glisser pendant l'espace de deux heures à travers les magnificences du Bosphore. De beaux arbres, des prairies verdoyantes, de jolies habitations, couvrent le flanc des collines dont le pied vient baigner dans la mer. Cependant nous regrettions presque ces heures de jouissance; et, lorsqu'enfin parurent les deux forts d'Asie et d'Europe qui commandent l'entrée de la mer Noire, nous nous réjouîmes à la pensée que nous voguions directement dans les eaux de la Crimée. Trente-huit heures suffirent à notre traversée. Un magnifique spectacle nous était réservé en arrivant. Notre navire ne devait pas nous débarquer à Kamiesh, sa destination était pour la baie de la Katcha, où mouillait le vaisseau amiral avec une partie de la flotte. Il nous fut donné, par conséquent, de longer toute la côte sur laquelle repose Sébastopol. A l'œil nu, nous distinguions facilement la position de la ville assiégée. Nous vîmes ses forts, sa rade, ses maisons, ses dômes, presque aussi bien que si nous y fussions entrés. On dirigea contre nous quelques coups de canon qui ne nous atteignirent pas; mais un petit bateau marchand, qui passait trop près, fut victime de son imprudence et tomba au pouvoir de l'ennemi. Nous déjeunâmes dans la baie de la Katcha, et le soir on nous transborda sur un autre bâtiment qui nous débarqua enfin à Kamiesh. Nulle habitation ne s'élève sur les bords de cette vaste baie, excepté une maisonnette qui renferme deux chambres où se sont casés tant bien que mal les directeurs du port. Je laissai mes bagages sur le sable en faisant des vœux pour que la pluie ne les inondât pas; et, comme il était tard, je montai sur le devant d'un caisson pour arriver plus vite au quartier général. Le P. Parabère m'y accueillit et me permit de passer la nuit sous sa tente. Hier, j'ai été conduit au poste que je dois occuper. C'est à l'extrême gauche de notre armée, non loin de la baie de Streleska. J'y ai dressé ma tente, et me voilà tout à fait à la guerre.

Je regrette de n'avoir pu arriver un peu plus tôt et de n'avoir pas été témoin de l'embarquement de nos troupes à Varna, de leur débarquement à Old-Fort, et surtout de la bataille de l'Alma. Tous les cœurs sont encore dans une sorte d'exaltation au souvenir de ce qui vient de se passer. Fatiguées par les maladies et la mort de tant d'hommes, les troupes ont accueilli, dit-on, avec un enthousiasme frénétique, la proclamation dans laquelle le maréchal de Saint-Arnaud leur disait : « L'heure est venue de combattre et de vaincre. L'ennemi ne nous a pas attendus sur le Danube. Ses colonnes démoralisées, détruites par la maladie, s'éloignent péniblement. C'est la Providence... qui nous appelle en Crimée, et à Sébastopol, siége de la puissance russe, où nous allons chercher ensemble le gage de la paix et de notre retour dans nos foyers. » — Lorsque l'escadre fut prête et que les troupes furent réunies à l'île des Serpents, on dit que rien n'égalait la majesté de cette triple flotte française, anglaise et ottomane avec ses trois mille canons et ses vingt-cinq mille matelots accueillant les trois armées, les recevant dans ses flancs dilatés et déployant ses voiles pour cingler vers la nouvelle terre promise.

Le débarquement sur la plage de Old-Fort ne fut pas moins beau. On regarde comme une sorte de merveille la précision avec laquelle nos marins ont débarqué, en quelques heures, l'armée, les chevaux, l'artillerie et les munitions de guerre. Parmi cette immense agitation d'hommes et de machines on n'a eu aucun accident à déplorer ; et les Russes, du haut de leurs retranchements, ont dû s'étonner de la noble hardiesse avec laquelle nos hommes posaient, en vainqueurs, le pied sur leur territoire.

Je ne sais s'ils y ont vu un présage de mauvais augure, mais les journées suivantes devaient être pour eux plus qu'un pressentiment de la défaite. Notre premier pas fut un triomphe ; et le maréchal de Saint-Arnaud avait bien le droit de s'écrier, le soir même du débarquement : « Soldats, à ce moment où vous plantez vos drapeaux sur la terre de Crimée, vous êtes l'espoir de la France ; dans quelques jours vous en serez l'orgueil! » — En effet, dès le 20 septembre, il pouvait écrire : « Nous avons rencontré aujourd'hui l'ennemi sur l'Alma. Il occupait avec des forces considérables le ravin où coule la rivière, boisé, coupé de maisons, franchissable seulement en trois points, et les hauteurs de la rive gauche en pente très-roide, solidement retranchées et couvertes d'artillerie. Nous avons remporté une victoire complète. »

Je ne connais pas la guerre, et je ne dois point la connaître. Aussi ne vous rendrai-je pas compte de cette magnifique journée. Les généraux Canrobert et Bosquet paraissent en avoir en grande partie les honneurs. On parle d'un mouvement tournant du général Bosquet comme ayant été d'une influence immense sur l'heureuse issue du combat. Les Anglais s'étaient fait attendre, dit-on, et leur lenteur à se mettre en marche aurait pu nous jouer un mauvais tour; mais on leur pardonne tout pour l'intrépidité sans exemple avec laquelle leurs magnifiques colonnes ont supporté la plus effroyable décharge de mousqueterie et d'artillerie que les Russes leur envoyaient de dessus les hauteurs. Les zouaves se sont surpassés. Impatients de signaler leur valeur, ils ont escaladé avec une adresse infinie un rocher à pic sur lequel les Russes avaient appuyé leur aile droite avec la presque certitude qu'il était imprenable. Le P. Parabère était avec eux; son cheval avait été tué de l'autre côté de la rivière. Il avait traversé l'Alma sur un caisson, et, avec l'ardeur d'un jeune homme, il s'était élancé, donnant l'absolution aux mourants qui tombaient à sa droite et à sa gauche. Le prince Mentschicoff ne s'attendait pas à ce tour de force des zouaves. Lorsqu'il vit son camp envahi, il comprit qu'il avait compté sans les Français, et s'enfuit précipitamment, laissant en notre pouvoir sa voiture et sa correspondance. On assure que, dans ses lettres à l'empereur de Russie, il s'était flatté de nous tenir en échec pendant six mois sur le rivage de la mer. Combien ne donnerait-il pas aujourd'hui pour ravoir ses lettres! Ce qu'il y a de bon, c'est que les Russes, trompés par le costume, avaient pris d'abord les zouaves pour des Turcs, et que, pleins de mépris pour cette sorte d'ennemis, ils riaient de leur tentative d'escalade et se disposaient à les culbuter, lorsque tout à coup ils se virent tête-à-tête avec nos *chacals* chargeant à la baïonnette et enfonçant leurs bataillons. Le maréchal de Saint-Arnaud a été incroyable : accablé par les douleurs d'une vieille infirmité, fatigué, presque agonisant, il resta treize heures à cheval, voyant tout, prévoyant tout, et donnant ses ordres avec un admirable sang-froid. On prétend qu'à certains moments, plutôt que de céder à la fatigue, il se faisait soutenir les bras par deux cavaliers. Comme il a été beau dans son ordre du jour du 26, où il annonça sa fin prochaine et l'impossibilité de continuer à suivre le cours de ses triomphes ! « Soldats, s'écriait-il, vous me plaindrez ! Car le malheur qui me frappe est immense, irréparable, et peut-être sans exemple ! » — Il avait raison. On l'a plaint comme on l'avait admiré, et l'armée l'accompagna de ses regrets lorsqu'on le transporta mourant sur le *Berthollet*, qui devait le rapporter à Constantinople, et sur lequel il expira dès les premières heures de la traversée.

Les morts ont été convenablement ensevelis, et les blessés sont partis directement pour Constantinople, où les médecins et les sœurs de la Charité les reçurent dans de vastes hôpitaux parfaitement approvisionnés.

On dit que la marche depuis l'Alma jusqu'à Sébastopol a été assez pénible. Pendant un jour entier on a manqué d'eau : les Russes avaient comblé les puits avec de la chaux et du fumier. Les chevaux de transport manquaient aussi. Cependant tout n'a pas été souffrances. Il y a eu de joyeuses étapes. On a savouré des fruits et surtout du raisin en abondance dans les vergers et dans les vignes. Quelques zouaves ont découvert certaines caves où les vins fins étaient en quantité plus considérable que les vins communs; or je vous laisse à deviner si les tonneaux sont restés pleins! Et puis d'immenses potagers se sont rencontrés garnis de toute espèce de légumes destinés à l'alimentation de Sébastopol. Les choux surtout étaient innombrables. « Oh! monsieur l'abbé, me disait ce matin un gaillard qui s'en léchait encore les barbiches, quelle *bosse* de choux nous nous sommes donnée! Pour ma part, j'ai changé cinq fois de choux avant de me décider à commencer ma soupe. J'en cueillais un que je mettais sur mon dos; et puis j'en trouvais un plus beau, et puis un autre encore. Chaque fois je jetais ma charge pour la remplacer par quelque chose de mieux. Quand j'y pense! » Et en même temps il faisait claquer ses doigts à la façon du gamin de Paris. Quatre bons réjouis avaient découvert un char à bancs assez coquet. Ils y avaient attelé des chevaux, et couraient partout en criant : « Versailles! Saint-Cloud! un lapin! encore un pour Sceaux... » Bref, on s'amusait comme aux Champs-Élysées ou à la foire de Saint-Germain, sans penser aux souffrances de la veille ni à celles du lendemain. C'est le caractère du soldat français dans toute sa vérité.

Le projet des généraux en chef était de fondre sur les forts du nord de Sébastopol et de les enlever par un coup audacieux, pendant que la flotte, pénétrant dans la rade, les aurait canonnés par derrière et pris entre deux feux. Malheureusement on ne s'était pas assez occupé des moyens de transport en quittant Varna. Les chevaux manquaient. On ne put pas profiter assez tôt de la terreur des Russes après leur défaite de l'Alma. Le général Canrobert héritait d'une armée parfaitement capable de servir à son hardi projet, lui-même avait prouvé ce qu'il savait faire à l'assaut d'une ville; mais il ne pouvait donner des ailes à ses canons. Par suite d'un contre-temps dont il n'était pas la cause, il y eut des lenteurs dans le mouvement des troupes. Les Russes profitèrent de notre embarras; et bientôt l'amiral Hamelin annonça aux généraux en chef que l'amiral ennemi avait fait couler cinq vaisseaux de ligne à l'entrée de la rade. Cette manœuvre arrêtait le passage de la flotte. Le mal était irréparable. Il fallait changer son plan d'attaque. Impossible aux deux armées de camper au nord de la ville et d'isoler l'ennemi. Un port manquait à la flotte de ce côté-là. Or nous ne pouvions nous passer de la flotte, qui gardait nos munitions et nos vivres. Alors les Anglais se portèrent sur Balaclava et s'emparèrent heureusement de la petite ville et du port. En voyant leurs alliés bien installés dans leurs nouvelles possessions, les Français furent tentés d'être jaloux; mais bientôt la Providence les dédommagea au centuple. La baie de Kamiesh et celle de Kasach furent pour nous une découverte précieuse. L'amiral Hamelin l'avait prévu. Tandis que Balaclava offrait aux Anglais un port étroit, incommode et d'un abordage peu sûr, nos vastes baies recevaient facilement l'escadre presque entière avec une grande quantité de bâtiments de transport. Les parts ainsi faites, les deux armées s'installèrent. Lord Raglan établit son quartier général dans une vaste maison où régna, dit-on, le confortable. Le général Canrobert fit dresser une tente sur le mamelon voisin. Son état-major suivit cet exemple; et immédiatement, oublieux de lui-même et de ses aises, le général en chef se préoccupa de faire approvisionner l'armée et de lui faire apporter de Constantinople et de France les abris nécessaires pour se préserver des rigueurs de la mauvaise saison. Son dévouement au bien du soldat et son désintéressement personnel lui gagnent les cœurs. S'il manque ici bien des choses nécessaires, on ne l'en accuse pas. Son autorité suprême date de quelques jours seulement. Avant ce temps, il n'avait aucun titre pour préparer l'avenir et donner des ordres prévoyants. Au reste, son cœur généreux et dévoué nous est la meilleure garantie que tout ce qui pourra se faire sera fait en faveur du soldat.

Adieu, mon cher ami. Je ne sais plus rien. Je vous ai raconté tout ce que j'ai pu recueillir d'intéressant sur les premiers efforts de notre belle armée. Je regrette que ma plume n'ait pu dépeindre de si belles actions avec un talent digne d'elles. Mais, sous une petite tente, dans une position fort gênée, la verve s'endort, les doigts s'engourdissent, et le récit du narrateur reste sans vie et sans couleur. Vous m'excuserez donc, et vous croirez à tout mon désir de vous être agréable. Adieu.

DEUXIÈME LETTRE

LES TRANCHÉES ET LA BATAILLE DE BALACLAVA.

A M. R***.

ARMÉE D'ORIENT, 5ᵉ DIVISION.
Devant Sébastopol, octobre 1854.

Mon cher ami, le mois d'octobre s'achève, et nous ne sommes pas encore maîtres de Sébastopol. L'opinion française va trop vite. A force d'impatience, on devient téméraire dans ses appréciations et dans ses jugements. C'est ce qui a fait tomber tant de gens raisonnables dans le piége tendu par la fausse dépêche du *Tartare*. La France veut de la gloire; elle en aura. L'admirable conduite de nos troupes en est la preuve. Mais, qu'on ne l'oublie pas,

A vaincre sans péril on triomphe sans gloire.

Laissez-nous donc le temps de courir le danger avant de nous demander le triomphe.

Non, encore une fois, nous ne sommes pas maîtres de Sébastopol, et, si nous en croyons les sages, nous n'y parviendrons pas de sitôt. Les Russes sont de rudes adversaires ; ils savent qu'ils ont affaire à de plus forts qu'eux, mais ils veulent défendre chèrement leur vie. Ne nous en fâchons pas. Plus sera grande la gloire de leur résistance, plus aussi croîtra la palme des vainqueurs.

Décidément nous ferons un siége en règle. Le 3 de ce mois, on a débarqué sur la plage trois mille cinq cents gabions. En même temps, un ordre du jour nous a annoncé le commencement des travaux. Il portait que la tranchée serait ouverte ; que dès le soir même un corps de piocheurs serait mis à la disposition des officiers du génie, et qu'une garde nombreuse protégerait les travailleurs.

Or voici ce que c'est qu'une tranchée. Peut-être cette explication vous sera-t-elle nécessaire à vous, bienheureux habitant d'une délicieuse maison de campagne, à vous que Dieu a toujours tenu loin du tumulte des affaires, jouissant d'une jolie fortune, au milieu d'une charmante famille. Jamais sans doute vous n'avez étudié les opérations d'un siége, et il fallait tout l'intérêt de celui-ci pour fixer votre attention.

Eh bien, une tranchée est un long fossé ni trop profond ni trop large, creusé tout autour d'une ville assiégée. Son but est de permettre aux assiégeants de circuler sous les murs de la ville, sans avoir trop à craindre la mitraille ennemie. On en pratique un ou plusieurs, selon le besoin. Ces longues ouvertures, dirigées dans le sens des murs de la ville, s'appellent les *tranchées parallèles*, et, pour abréger, les *parallèles* tout simplement. Elles sont reliées entre elles par d'autres chemins creux qui permettent la communication de l'une à l'autre et qu'on nomme *boyaux*. De distance en distance, le long des parallèles, on établit ce qu'on appelle des *batteries*. Ce sont des plates-formes défendues par diverses sortes de glacis ou murailles en terre, sur lesquelles on établit un certain nombre de canons destinés à battre en brèche les murailles de la ville, ou des mortiers et des obusiers chargés de lancer dans l'intérieur même de la citadelle des projectiles incendiaires.

Or vous sentez bien que l'ennemi ne nous permet pas volontiers de travailler aux tranchées qui doivent ceindre sa ville, et la serrer au point de l'étouffer. Aussi ne se hasarde-t-on pas à ouvrir une tranchée pendant le jour. On attend le soir. Alors, dans l'obscurité, une compagnie de travailleurs se dirige en silence vers un endroit désigné. Là chacun reçoit sa destination. Et tous alors de travailler de leur mieux pour creuser avant le jour une partie de la bienheureuse avenue souterraine qui les mettra à l'abri du canon de la place. Depuis près d'un mois, ce travail continue. Quand sera-t-il fini? On l'ignore. Nos travailleurs ont une peine extrême à avancer. Le terrain est coupé par des rochers effroyablement durs, et nos premières parallèles ne seront pas, dit-on, suffisantes. Il faudra en recommencer d'autres, et puis d'autres, jusqu'à ce que nous soyons tout à fait proches de l'ennemi. De tels travaux ne se font pas en un jour, ou plutôt en une nuit. Et puis l'hiver s'annonce. Les nuits sont froides, nos hommes souffrent beaucoup pendant leurs vingt-quatre heures de garde ; et surtout l'ennemi n'épargne aucun moyen pour nous entraver.

D'abord les Russes ont commencé par décharger sur nous une masse incroyable de projectiles. Fiers des nombreuses munitions amassées pendant longues années dans cette citadelle, destinée par eux à devenir la reine des mers, ils tiraient à tort et à travers, sans songer à viser un but quelconque. Ce n'était pas la flèche *adressée à l'œil droit de Philippe*, c'était une vraie débandade de projectiles lancés à la France et à l'Angleterre, partout où l'une de ces deux nations voudrait bien se placer pour les recevoir. Or, comme nous n'avions nulle sympathie pour un semblable cadeau, nous nous mettions à côté, et les boulets tombaient prosaïquement à terre. Ainsi on a fait le calcul que l'ennemi tirait journellement sur nous huit cent mille kilogrammes de poudre et deux millions quatre cent mille de fonte. Les soldats se sont amusés à compter le nombre de morts et de blessés renversés par ce débordement de mitraille, et, grossissant un peu les chiffres, ils ont prétendu que chacun de nos morts revenait à soixante mille francs à l'ennemi. Aussi, disent-ils, nous pouvons mourir, puisque notre vie *coûte si cher*.

Mais, l'expérience faite, les Russes se sont aperçus de leur erreur. Alors ils ont mieux pris leurs mesures. Un grand mât fut dressé au centre d'un bastion surnommé par cela même le bastion *du Mât*. Une sentinelle grimpait à la cime, examinait nos positions, plongeait son regard jusque dans nos tranchées, et puis redescendait pour indiquer aux artilleurs vers quel point devait se diriger leur tir. Nos soldats s'en aperçurent, et désignèrent sous le nom de singe vert cette sentinelle d'un nouveau genre. La couleur de son habit lui valut cette plaisanterie. Mais son audace fut autrement payée. Nos chasseurs abattirent successivement plusieurs *singes verts*, et, lorsqu'un certain nombre eut ainsi dégringolé, tombant sans vie d'une hauteur prodigieuse, l'ennemi se dégoûta de son mât de Cocagne, et nul ne s'y aventura. Une autre ruse lui vint encore en aide. Pendant le jour, il tâchait de découvrir la place exacte de nos travaux. Ensuite il plantait des poteaux de repère dans la direction que devait parcourir le projectile meurtrier. La nuit, on allumait un fanal au haut du poteau, et le pointeur, instruit de la distance comme de la direction à parcourir, parvenait quelquefois à lancer adroitement dans nos tranchées des obus qui tuaient ou blessaient nos hommes. Par bonheur, ces diverses industries ne nous sont pas trop nuisibles, et, tout calcul fait, nous perdons peu de monde à ce jeu meurtrier.

De notre côté, vous le sentez bien, nous ne sommes pas restés inactifs. Nous avons opposé ruse à ruse. Un de nos meilleurs procédés a été l'institution des compagnies de *francs tireurs*. Ce sont des hommes exercés qui s'espacent de loin en loin sous les remparts. Ils creusent des trous dans la terre et s'y couchent à plat ventre, le fusil en joue, dirigé sur une batterie russe. Un artilleur a-t-il le malheur de paraître pour charger sa pièce ou la pointer, une balle siffle et vous le jette à terre. Un autre ne prend pas sa place impunément : le même sort l'attend. On prétend qu'un seul de nos tireurs en a tué neuf de suite. J'ignore si le fait est vrai, mais le désespoir des Russes est évident. Pour se mettre à l'abri, ils ont imaginé de masquer chacune de leurs pièces derrière un volet à deux battants. C'est bon pour charger; mais, lorsque le moment de tirer est venu, il faut bien ouvrir la fenêtre. Alors malheur à celui qui fait l'opération. Une balle est toute prête. Elle part, siffle, et traverse la tête du téméraire. Aussi les Russes nous traitent-ils d'enragés ; et, furieux, à certains moments, ils soulèvent par derrière les affûts de leurs canons et vomissent une effroyable mitraille sur la terre inoffensive, tandis que les francs tireurs, blottis dans leur trou, rient à leur barbe et rechargent paisiblement leur fusil.

Les sorties sont encore à l'ordre du jour pour enrayer nos travaux. L'ennemi attend que la nuit soit bien sombre. S'il y a du brouillard ou du vent, il est encore plus content. Alors une ou plusieurs colonnes russes sortent de la place et marchent à pas de loup pour tâcher de surprendre nos avant-postes, de détruire nos ouvrages et d'enclouer nos canons. Comme leurs officiers connaissent parfaitement le terrain, ils s'inquiètent peu de l'obscurité qui les enveloppe, ils s'en réjouissent même ; tandis qu'il n'en est pas ainsi pour nous. Le pays nous est nouveau. Le vent ou le brouillard aveuglent nos soldats, et l'obscurité nous expose à la confusion. Le plus grand malheur à craindre serait que, dans le tumulte, nos hommes ne confondissent l'ennemi avec leurs camarades, et ne tirassent les uns sur les autres. Heureusement cela n'a pas encore eu lieu. Une nuit, les Russes étaient venus à bout de pénétrer jusque dans une de nos batteries, celle de marine, je crois. « Qui vive ? s'écria quelqu'un. — Anglais! » répondirent les Russes. Impossible de se laisser prendre à une telle supercherie. Les Anglais eux-mêmes, nos alliés, ne pouvaient avoir de raisons de se trouver là à une pareille heure. On prit les armes; il était temps : une partie de nos canons était déjà enclouée. Nos hommes chargèrent : un prince russe et quelques soldats tombèrent en défendant vaillamment leur vie, et un officier de grade inférieur fut pris et porté à notre ambulance. Il avait reçu plusieurs coups de baïonnette. La conduite de ces intrépides agresseurs avait été si belle, que, pour honorer les vaincus, le général Canrobert envoya le lendemain à l'ambulance demander des nouvelles de l'officier russe blessé. Il venait de succomber.

Un jour cependant nous avons manqué être victimes d'une surprise, et peut-être de grands malheurs eussent été le résultat de la défaite. Je vous l'ai déjà dit, nos armées n'entourent pas la ville comme il est d'usage de le faire dans un siége. Nous ne sommes pas assez nombreux pour cela. L'armée française occupe tout le côté du sud, à partir du rivage de la mer; et le camp des Anglais s'étend en remontant jusqu'au plateau d'Inkermann. Le nord de la place est donc parfaitement libre, et les Russes peuvent communiquer avec le reste du pays. Avant-hier, 25 octobre, on vit tout à coup déboucher du fond des vallées de la Tchernaïa une troupe composée de vingt à vingt-cinq mille Russes, à peu près, sous les ordres du général Liprandi. Audessus de Kadikoï s'élèvent quatre monticules assez bien gradués pour former comme une sorte d'am-

2

phithéâtre. Le plus haut de tous est surnommé le mont Canrobert. Les Anglais avaient fortifié ces hauteurs par quatre redoutes, et les avaient confiées à la garde des Tunisiens. Le général Liprandi se proposa de les reprendre, afin de dominer Balaklava et d'intercepter les communications des Anglais avec leur flotte. Il ne réussit que trop bien. A l'approche de l'ennemi, les Tunisiens s'enfuirent honteusement de la première redoute, et puis de la seconde, et puis de la troisième, et puis de la quatrième, laissant leurs canons à la merci du vainqueur. Ne fallait-il pas s'y attendre? Dans notre camp français, on ne conçoit pas comment les Anglais ont pu confier la garde de cette partie de leur camp à d'autres qu'aux leurs. Bref, les positions étaient prises. Au premier bruit de l'attaque, le noble et généreux Canrobert est accouru auprès de lord Raglan pour l'appuyer de ses conseils, et au besoin de ses forces. Il donne, en effet, des ordres pour que le général Vinoy, le général Espinasse et le général Morris se tiennent prêts à prêter main-forte aux Anglais. Pendant ce temps-là s'engage une effroyable mêlée. Et, si l'incurie des Anglais pour la garde de leur camp paraît surprenante, il faut dire qu'ils ont admirablement racheté cette faute par des

actes de bravoure dignes des plus grands éloges.
En face d'une cavalerie russe plus nombreuse au
moins trois fois que la sienne, le major général
Scarlett n'hésite pas à lancer en avant la petite
troupe des Écossais gris et des dragons d'Enniskillen. Il y eut alors un de ces combats émouvants,
tels que l'imagination se les représente sans pouvoir les dépeindre. Nous étions accourus de nombreux Français sur les hauteurs qui dominaient le
théâtre de l'action. A travers la poussière soulevée
par les pieds des chevaux et la fumée non moins
épaisse de la poudre, on voyait briller l'acier des
sabres qui reflétaient la vive lumière du soleil, et
puis des éclairs perpétuels causés par le feu de la
mousqueterie fendaient la nue. Alors les cohortes
grises et les cohortes rouges des Anglais étaient
vues traversant les masses foncées des Russes On
avançait, on reculait, on se traversait avec une impétuosité sans exemple, pendant que les spectateurs
levaient les mains au ciel, et puis regardaient les
mouvements avec inquiétude, et, de temps en
temps, soutenaient l'ardeur des généreux Anglais
par des bravos enthousiastes. Cependant la mousqueterie des higlanders avait mis en déroute les
bataillons ennemis qui les menaçaient. La bataille

pouvait se considérer comme finie. Mais les Anglais brûlaient de reconquérir leurs positions perdues et leurs canons. Un aide de camp de lord Raglan apporte au général lord comte de Lucan l'ordre de charger avec sa cavalerie légère. C'est presque un arrêt de mort; lord Lucan l'a compris, mais l'ordre est donné; il le faut. Le noble lord lance immédiatement lord Cardigan avec une faible division de cavalerie légère contre une armée tout entière bien postée et parfaitement en ordre. Des nuées de projectiles accueillent ces braves. Nous les voyons tomber comme la feuille jaunie des arbres au souffle d'un vent d'automne. La terre en est jonchée. Les chevaux sans cavaliers, errant à l'aventure, ajoutent au tumulte. Mais la troupe vaillante avance toujours. Elle est arrivée jusqu'aux batteries russes, et sabre les artilleurs sur leurs pièces. Elle traverse les lignes ennemies, les brise, et sans s'inquiéter de les voir se reformer par derrière, se retourne, les brise encore et les traverse de nouveau. Le tonnerre ne fait pas plus de ravages lorsqu'il fond terrible sur un arbre séculaire, le brise en éclats, le déchire et disperse au loin sur la terre étonnée les branches et les feuilles criblées. Quand ces nobles chevaliers eurent traversé une dernière fois les lignes ennemies pour opérer leur retraite, une décharge de mousqueterie les prit en flanc et renversa encore bien des braves. Enfin, cette belle brigade ne comptait pas plus de deux cents hommes lorsqu'elle revint déposer l'hommage de sa fidélité aux pieds de son général, heureux et triste de tant de bravoure et de pertes si regrettables. Alors le général d'Allonville, à la tête du 4ᵉ chasseurs d'Afrique, tourna la gauche de l'ennemi, et, dans une charge meurtrière, vengea la mort des Anglais magnanimes.

La nuit sépara les combattants. Le lendemain, le prince Mentschikoff essaya vainement une seconde attaque, et rentra derrière ses murailles. Malheureusement les redoutes conquises sont restées aux mains des Russes. On est en mesure de les empêcher d'en tirer les avantages qu'ils espéraient contre les Anglais, mais ce n'en est pas moins un revers. N'en parlons plus. Les Anglais ont lavé la tache dans un sang glorieux.

J'aurais encore à vous raconter un autre épisode de notre mois d'octobre. Mais vous m'en ferez grâce pour ce soir, mon cher ami. Si Dieu me prête vie, je continuerai mon journal, et j'en enverrai les extraits successifs à nos amis communs qui les

2.

échangeront entre eux, et vous les communiqueront. Adieu, je vous serre affectueusement la main, et je bénis vos enfants.

TROISIÈME LETTRE

L'AUMONERIE DE L'ARMÉE.

AU RÉDACTEUR DES PRÉCIS HISTORIQUES.

ARMÉE D'ORIENT,
De la baie de Kamiesh.

Mon Révérend Père,

Vous me demandez quelques détails sur la position des aumôniers en Crimée. Me voici prêt à vous satisfaire, autant du moins que je le pourrai. C'est un bonheur pour moi d'être admis à payer un tribut d'affectueuse reconnaissance à nos Pères de Belgique, parmi lesquels j'ai passé deux années de si bonne souvenance.

Nous parlerons, si vous le voulez, de l'organisation de l'aumônerie et du genre de bien que le prêtre est appelé à faire dans le camp.

Ainsi est constituée l'aumônerie : un aumônier supérieur est attaché à l'état-major général de l'armée ; un prêtre lui est adjoint pour le suppléer au besoin et remplir sous ses ordres un certain nombre de fonctions auxquelles il ne pourrait pas suffire. En outre, chaque division militaire a son aumônier ; et puis, selon les exigences du temps, de nouveaux prêtres doivent être préposés au service religieux des hôpitaux qui se formeront et se multiplieront avec le nombre des blessés ou des malades. Ainsi établi, le service religieux est parfaitement assuré dans notre armée d'Orient.

MM. les Lazaristes, depuis longtemps fixés à Constantinople, ont accepté un surcroît de travail en prodiguant leurs soins à nos soldats dans les hôpitaux où les sœurs de la Charité donnent journellement l'exemple de l'abnégation et du dévouement.

Les aumôniers de division visitent chaque jour et plusieurs fois par jour les malades de leur division dans leur ambulance respective ; et, chaque fois qu'un nombre considérable de pauvres infirmes est embarqué pour Constantinople. un d'entre nous monte avec eux sur le navire pour les assister pendant la traversée.

Bien plus, une ambulance a été formée sur la plage de Kamiesh, et tous les malades de l'armée dirigés sur Constantinople y sont envoyés pour attendre le jour de l'embarquement. Eh bien, un prêtre encore a été attaché à cette ambulance. J'ai eu le bonheur d'être choisi pour cette fonction. Aucun malade, par conséquent, qui ne passe par mes mains et ne puisse recevoir, par l'entremise de mon ministère, les consolations de la religion et les sacrements de l'Église.

Bientôt un nouveau projet sera soumis au ministère par M. le général en chef pour la création de nouveaux aumôniers supérieurs dans les trois corps d'armée qui seront formés sous ses ordres. Vous le voyez, le service religieux est convenablement organisé dans le camp.

Voulez-vous savoir maintenant quelles sont les occupations journalières des aumôniers? Elles sont fort simples. Une partie de nos journées se passe à visiter nos malades dans les ambulances. Nous allons d'une tente à l'autre, consolant ceux qui souffrent, réconciliant les mourants avec Dieu et leur donnant le sacrement de l'extrême-onction. Pour cela, il faut beaucoup de temps. En France ou en Belgique, ce serait un travail facile : on a bientôt parcouru les salles d'un hospice, secouru les plus malades et adressé la parole aux convalescents. Mais ici, nous devons nous glisser sous une foule de tentes dressées les unes auprès des autres, ramper, c'est le terme, entre les infirmes couchés à terre côte à côte, soulever les couvertures qui voilent leur visage et nous rendre compte de l'état sanitaire de chacun. Ce n'est pas, je vous assure, une petite affaire ; et, si la pluie, le vent ou la neige viennent ajouter à la difficulté du pèlerinage, vous comprendrez que la fatigue est assez grande après deux visites journalières dans les ambulances.

Mais les malades sont-ils les seuls à profiter des services du prêtre dans l'armée de Crimée? Non assurément. Notre tente est ouverte à tout le monde, et beaucoup profitent de la présence du ministre de Dieu pour purifier leur conscience ou pour chercher des consolations désintéressées. En pourrait-il être autrement? En France, la plupart de nos soldats et de nos officiers ont été élevés par des mères chrétiennes. Ceci soit dit à l'honneur de notre pays où les mères, à très-peu d'exceptions près, comprennent si bien la grandeur et la sublimité de leur mission. Quant aux pères, si tous ne donnent malheureusement pas l'exemple de la pratique religieuse, du moins ils veulent que leurs enfants soient honnêtes, et ils prêtent leur concours aux soins de la mère, ou bien ils ne les entravent pas. Or, dans les circonstances actuelles, au milieu de dangers sans cesse renaissants, la foi parle haut ; les jeunes souvenirs se réveillent ; on sent qu'il faut assurer le bonheur de l'autre vie, et on vient au prêtre pour demander l'absolution des fautes passées avec une bénédiction pour l'avenir.

Et puis, le sacrement de pénitence n'est pas le seul motif qui conduise le soldat ou l'officier à la tente du prêtre. Si loin de son pays, sur la terre ennemie, on se trouve souvent bien seul au milieu d'un camp. Ce père qui a quitté sa femme et ses enfants, peut-être pour toujours, a bien des sollicitudes qui lui rongent le cœur. Ce jeune homme avait de belles espérances : il prévoyait dans un avenir prochain la possibilité de s'unir à l'objet de chastes affections, et il a reçu l'ordre d'aller à neuf cents lieues et d'y rester jusqu'à la fin d'une campagne dont le terme est incertain. Ce fils unique a dû dire adieu à un vieux père et à une vieille mère dont il était adoré. Oh! il y a bien des douleurs et des regrets dans toutes ces poitrines militaires si admirablement! généreuses Mais la douleur est expansive; elle a besoin de se communiquer. Eh bien, le prêtre est là pour accepter les confidences intimes et rendre les consolations chrétiennes et le baume de la religion en retour des larmes amères de l'humanité.

« Il y a bien des années que je n'ai parlé des prêtres que pour en rire, me disait un officier nouvellement arrivé de France, et cependant, lorsque cette lettre est venue me remuer le cœur et me livrer à de cruelles angoisses, c'est à vous que j'ai pensé. Seul dans ma tente, je pleurais des larmes de désespoir pendant cette nuit, et ma seule consolation était celle-ci : demain, je pourrai me soulager en racontant ma peine; j'irai trouver ce prêtre que je ne connais pas, mais que j'ai aperçu devant sa tente sur le rivage. Je lui parlerai et je serai consolé. »

Heureux officier! il a trouvé Dieu au moment où il y songeait le moins. Il lui a été beaucoup pardonné parce qu'il a beaucoup aimé. La balle ennemie peut venir maintenant le frapper; il est prêt. La mort lui est un gain; elle le réunira à ce qu'il aimait uniquement sur la terre.

L'histoire de cet officier est celle de bien d'autres, je vous l'assure, et journellement nous bénissons Dieu de nous avoir appelés à consoler un grand nombre de chagrins secrets que le cœur seul du prêtre peut comprendre.

« Est-ce donc qu'il n'y a de cœur que parmi les prêtres? reprend en souriant l'incrédulité haineuse qui peut-être lira ces détails. L'officier français n'a-t-il point d'ami auquel il puisse s'ouvrir? » — Assurément, je suis loin de refuser les qualités du cœur à notre armée: au contraire, elle est bien belle et bien noble à cet endroit ; mais quiconque a vu une armée en campagne et surtout dans des circonstances aussi difficiles ; quiconque a vu cette multitude d'hommes tiraillés dans tous les sens par les exigences du service ; celui auquel il a été donné d'observer en philosophe ce croisement de vues contraires, ces froissements occasionnés par le contact des passions, ces rivalités d'intérêts divers; celui qui a entendu tout ce bruit, qui a vu tout ce mouvement, qui a compté tous ces pas en sens inverse, celui-là est obligé de répéter cette parole que m'adressait un jour un officier général fort distingué :
— « Dans l'armée nous avons beaucoup de camarades, mais peu d'amis. » — Il faut à l'homme souffrant et malheureux, sous peine de se consumer de chagrin dans la solitude de son cœur abreuvé d'a-

mertume, il faut la possibilité de trouver un cœur auquel il aime à s'ouvrir, un cœur tranquille et calme, exempt des petites sollicitudes de la jalousie et de l'ambition, qui puisse le comprendre, lui donner son temps et ses larmes, se donner lui-même et apporter avec soi les consolations de Dieu; il lui faut un cœur de prêtre. Voilà la pensée qui a présidé à la création de l'aumônerie de l'armée d'Orient.

Mais, en dehors de nos devoirs essentiels et de nos obligations absolues, nous pouvons encore trouver mille moyens de nous rendre utiles à ceux qui souffrent et de joindre les services temporels aux consolations spirituelles. Si vous en voulez un exemple, je vous le présenterai dans l'histoire d'un jeune homme dont le souvenir est encore tout vivant dans mon âme.

C'était un fils unique. Son père, ancien officier supérieur, était mort en laissant à sa veuve ce gage unique de sa tendresse. Il avait grandi sous les yeux de sa mère; il s'était instruit et il avait été admis à Saint-Cyr. Depuis un an, il était sorti de l'école, jeune et brillant officier, plein de santé et d'avenir. Le mois de décembre l'avait vu débarquer sur la terre de Crimée, pour y prendre part aux glorieux travaux de la campagne. Un jour, on nous l'apporta à l'ambulance. La fièvre le consumait. Le médecin en chef était dans l'anxiété sur l'issue de cette maladie et sur la possibilité de lui donner des soins. Envoyer le jeune homme à Constantinople, c'était l'exposer à mourir dans la traversée ; mais le garder sous la tente ne valait guère mieux.

Alors il prit un moyen terme. Je venais de faire construire sur le bord de la mer une petite chapelle en bois. Le médecin me demanda l'hospitalité pour son malade dans la maison de Dieu, et nous construisîmes aussitôt dans ma chapelle, au pied de l'autel où je dis la messe chaque matin, une petite alcôve en nattes de jonc et en couvertures de laine. Nous y déposâmes l'officier sur un petit lit de campement que j'avais fait venir de Constantinople pour mon usage, et je me mis à son service. Étant supérieur de collège, j'avais soigné bien des jeunes gens atteints de la même maladie, et je savais que des soins assidus pour faire observer à la lettre les prescriptions de la science étaient comme une sorte de garantie de guérison. Je promis donc au malade de le veiller moi-même et de le servir le jour et la nuit.

Le premier jour, il parut gêné de cette position.

C'était un effet de sa délicatesse de cœur. Mais, le lendemain, pendant que j'étais à genoux au chevet de son lit, priant et attendant qu'il me demandât quelque chose, il se souleva sur son oreiller, et, passant son bras autour de mon cou, il me dit : « Oh! voulez-vous me servir de père? C'est la première fois que je suis malade. Et seul, si loin de ma famille, je sens que j'ai besoin de quelqu'un en qui j'aie confiance et par qui je me laisse conduire comme par mes parents. » J'embrassai ce pauvre enfant, et je lui promis de nouveau de ne pas le quitter.

A dater de ce moment, il ne voulut plus même accepter les soins du soldat qui est attaché à mon service, et si je m'absentais quelque temps, sa tête, fatiguée par une sorte de délire, s'exaltait au point que, plus d'une fois, il fallut aller me chercher pour le calmer.

Huit jours se passèrent ainsi entre la crainte et l'espérance. Mais, un soir, le choléra vint compliquer l'état si grave du pauvre patient. Je ne lui avais pas encore parlé de la préparation à la mort, et, comme son mal demandait un grand calme et un grand silence, je n'avais pas même entamé avec lui la question religieuse. Seulement j'avais vu à son cou le scapulaire de la sainte Vierge. Dans ce moment, il n'y avait plus à hésiter. J'embrasse cet enfant et je lui demande s'il veut obtenir de Dieu le pardon de ses fautes. — « Oh! oui, répond-il, je le voudrais bien. Mais la pénitence est un si grand sacrement! Je n'y suis certainement pas préparé. » Alors je le disposai moi-même à cette grande action. Je lui fis réciter les prières qu'il aimait de préférence, et en particulier le *Memorare*. — « Êtes-vous fâché d'avoir offensé Dieu? lui dis-je. — Je vous assure, reprit-il, que je ne l'ai jamais fait que par faiblesse et par entraînement, et que je me le suis toujours vivement reproché. » Je lui donnai l'absolution de ses fautes, remettant l'extrême-onction au lendemain. Pendant la nuit nous priâmes encore ensemble et nous nous entretînmes de la vie et de la mort au point de vue chrétien.

Oh! qu'il y a de nobles sentiments dans les âmes de nos jeunes officiers! Emportés par une certaine fougue de jeunesse, ils se montrent parfois méprisants ou fiers, ils affichent certains airs d'impiété, mais le fond de leur cœur est plein de noblesse. Laissez passer l'effervescence du premier moment, et vous trouverez un trésor caché dans ces jeunes âmes. Pendant deux jours, il me fut donné de lire de bien belles choses dans le cœur de l'enfant que j'avais presque adopté.

Les médecins firent des prodiges pour l'arracher à la mort. Je les ai vus se réunir autour du lit du jeune officier pour remplir auprès de lui les fonctions de simples infirmiers. Ils se montrèrent plus que dévoués à leur devoir. Je les vis presque se passionner pour disputer à la mort la vie de cet enfant. Enfin la mort devait l'emporter sur l'art! Or, pendant ces deux jours suprêmes, mon courageux jeune homme la regarda en face sans frémir. Je n'ai pas surpris en lui un moment d'hésitation; et, comme je lui posais une fois la question catégoriquement : — « Voulez-vous vivre ou mourir selon la volonté de Dieu? Êtes-vous disposé à tout? — Absolument, me répondit-il avec énergie, absolument! » Lorsqu'il ne put plus parler, il avait encore sa connaissance entière. Alors je lui récitais tout haut des prières. Il joignait les mains et tâchait de tourner la tête de mon côté. Enfin, lorsque ses yeux furent vitreux et insensibles à la lumière, je pris les mains du mourant, je penchai ma tête sur son oreiller et je lui dis tout bas à l'oreille : — « Je vais vous donner une dernière absolution. Êtes-vous bien résigné à mourir? » Il pressa mes mains dans les siennes, il mit sa joue sur la mienne; ses lèvres s'efforcèrent de prononcer une parole qu'elles ne purent articuler. Je lui donnai l'absolution, et il mourut.

Le lendemain, tous les officiers de son régiment se réunirent dans ma chapelle pour lui rendre les derniers devoirs. Sur le bord de la tombe, son colonel prononça en quelques paroles bien senties un éloge funèbre, qui était une leçon d'honneur pour tous les assistants. Les soldats passèrent ensuite un à un près du cercueil, tirant leur coup de fusil dans la tombe, qui se referma aussitôt et fut surmontée d'une croix, en signe d'espérance.

Vous me demandiez, mon Révérend Père, si tous les hommes de notre armée, officiers et soldats, se montrent aussi bien disposés pour la religion que le prétendent quelques personnes; s'il est vrai que tous portent la médaille de la sainte Vierge? etc. Voici, je crois, la meilleure réponse. Tous ou à peu près tous ont au fond de l'âme les sentiments honorables que puise un Français dans son éducation première; tous respectent Dieu et sa religion. Seulement on ne peut pas espérer que, d'un seul coup, dans toutes les âmes, certains préjugés inspirés par la science impie, certaines passions secrètes, certaines habitudes d'indépendance, se soient évanouis pour laisser le cœur humain dans tout son beau et dans toute sa grandeur primitive. Il y a donc parmi nous des hommes qui sentent peu le besoin du prêtre; il y en a qui redoutent secrètement sa conversation comme un remords; il y en a qui peuvent encore plaisanter étourdiment sur les choses saintes; mais ceci n'empêche pas l'ensemble d'être noblement chrétien. Et, il faut le répéter, comme je le disais au commencement, nous trouvons dans tous une délicatesse de procédés qui ne peut venir que d'un cœur naturellement religieux.

Si vous insistez pour savoir quel est l'hommage rendu à la sainte Vierge par nos troupes catholiques, je vous répondrai qu'un très-grand nombre portent la médaille miraculeuse. Les soldats la suspendent à leur cou, et sans cesse vous la verrez ostensiblement attachée à la chaîne d'or qui maintient la montre de l'officier. Quelques-uns se la sont procurée volontairement et avec conviction; d'autres l'ont acceptée de la main d'une mère, ou d'une femme, ou même d'un autre officier ami; tous la conservent avec respect. — « Jamais de ma vie je n'ai porté de signe de dévotion, me disait un officier général qui venait de recevoir dans une lettre une médaille de la sainte Vierge; mais celle-ci m'est envoyée avec des expressions si pleines de cœur, que je la conserverai, et elle m'accompagnera partout. » — En parlant ainsi, il la faisait passer de main en main aux officiers assis à table, et chacun, en la regardant, parlait de la sienne, qu'il tenait ou d'une sœur de la Charité, ou de sa mère, ou bien encore du Pape ou de quelque cardinal pendant l'expédition romaine.

Voilà où nous en sommes au point de vue religieux. Il ne faut rien exagérer, je crois, il ne faut vouloir ni prodiges ni miracles. La simple vérité est plus belle. Oui! notre armée est chrétienne. Sans cela elle ne serait pas française. Parmi ses membres, quelques-uns poussent la vertu jusqu'à l'héroïsme ; d'autres sont naïvement bons et vertueux, si je puis m'exprimer ainsi ; le très-petit nombre se tient encore en garde, sous l'impression des sots préjugés du dix-huitième siècle ; tous, à mon avis, sont près du royaume de Dieu, parce qu'au fond ils aiment et bénissent la religion de leurs pères, cette foi catholique, apostolique et romaine qui a fait sortir la Gaule de la barbarie et l'a élevée à ce haut degré de civilisation qui rend si justement fier quiconque appartient à la France !

Adieu, mon Révérend Père. Respect et hommage,

je vous prie, au R. P. Provincial et à tous nos Pères. Adieu; priez toujours pour que nous soyons dignes de notre mission et que nous portions au milieu de l'armée française la bonne odeur de Jésus-Christ. Ne faites pas de vœux pour que nous conservions nos forces et notre vie. Qu'importe la santé, pourvu qu'on puisse dire de nous comme de saint Paul : *Iste est vas electionis ut portet nomen meum coram Gentibus.*

Agréez, etc.

QUATRIÈME LETTRE

LA JOURNÉE DU 17 OCTOBRE ET L'OURAGAN
DU 14 NOVEMBRE.

A M. LE COMTE DE ***.

ARMÉE D'ORIENT,
Devant Sébastopol, le 15 décembre.

Je vous assure, mon cher ami, qu'en face des incroyables difficultés qui nous arrêtent, on est heureux de ne pas avoir l'immense responsabilité d'un général en chef. Nous sommes dans une de ces positions dont les exemples sont infiniment rares dans l'histoire.

En face d'une ville défendue par la nature, entourée de rochers et de ravins, pourvue de canons et de munitions amassés pendant soixante ans, en communication avec un pays ami d'où viennent les provisions de bouche et de nombreux renforts d'hommes et d'argent, nous nous trouvons jetés sur une plage aride où rien ne nous vient en aide, à neuf cents lieues de notre pays, et sans autres ressources que celles que nous présente une mer inclémente. Ajoutez à cela une difficulté grave. Le pouvoir repose en deux mains bien distinctes. Chaque général en chef est indépendant de l'autre, et le génie des deux nations est tellement différent, que l'un nuit à l'autre. La *furia francese* fait une grande partie du succès de nos attaques, et les Anglais, au contraire, surpris dans leur camp, comme au jour d'Inkermann, ne comprennent pas qu'on ne leur laisse pas le temps d'ôter leur bonnet de nuit, de se débarbouiller, et surtout de manger leur soupe avant de repousser une attaque. Aussi les difficultés croissent-elles chaque jour, et, à l'heure actuelle, nous sommes plus loin de la prise de la ville qu'il y a un mois.

Dès l'abord, si on s'était précipité sur Sébastopol en arrivant de l'Alma, on l'aurait prise, dit-on, parce qu'elle était plus accessible que maintenant, et que les Russes, ébahis de notre entrain, nous prenaient pour des démons auxquels nul pouvoir humain ne saurait résister. Mais comment voler sans ailes? Le général Canrobert ne trouve aucun moyen de transport. Impossible à lui d'en créer. Le temps se perd, et l'amiral russe coupe à notre flotte l'entrée du port. Alors il faut changer de tactique. Mais ici revient un immense embarras. Que substituer à un coup de main, sinon un siége en règle? Or un siége est naturellement une chose longue, plus longue si on a affaire à des fortifications formées par la nature, plus longue encore si les inventions du génie humain ajoutent au travail de la nature, et mille fois plus longue enfin si, indépendamment d'une armée nombreuse, on a pour ennemi l'hiver avec tous les éléments conjurés. Or voilà notre position actuelle.

Le 17 octobre, on a cru pouvoir en finir avec l'hydre qui nous menace de ses mille bouches à feu. Les mesures étaient prises. L'armée de terre et la marine devaient opérer une attaque simultanée. Nous avions cent vingt-six pièces en l'gne, tant parmi les Français que parmi les Anglais. A six heures du matin, le général Canrobert donna le signal. Une canonnade furieuse s'engagea des deux côtés. L'air était en feu. La ville semblait lancer des gerbes de flammes; et nos batteries, espacées tout autour de ses flancs, dirigeaient sur elle des nappes de feu semblables à ces jets d'eau placés autour d'un bassin dont les eaux montent en s'inclinant vers le centre et viennent se confondre vers le milieu. Un bruit effroyable se faisait entendre, plus fort que celui des tempêtes. La terre tremblait sous les pieds de nos bataillons pressés, qui, tous debout, en armes, attendaient le moment de s'élancer vers la brèche. Hélas! Dieu ne voulait pas nous accorder un triomphe aussi facile. Tout à coup une horrible explosion s'opéra. Une épaisse colonne de fumée dont la base était un immense jet de feu s'élève en grondant vers le ciel. Des cris terribles se font entendre. Un magasin à poudre considérable venait de sauter en bouleversant une de nos batteries, et nous tuant beaucoup de monde. A partir de ce moment, notre feu contre la place manqua d'ensemble. Les Russes crièrent hourra du haut de leurs remparts, et, tandis que nos canonniers intrépides essayaient de réparer le désastre, une caisse à gargousses sauta et fit explosion dans une autre batterie. Un peu plus tard, le feu de l'ennemi embrasait encore un de nos magasins à poudre. Notre feu dut cesser au milieu d'un pareil désastre. Sans doute les Anglais avaient produit une explosion semblable parmi les Russes, du côté du Redan, et détruit les batteries de la tour Malakoff; mais ce n'était là qu'un mal partiel, et le succès général ne pouvait en résulter.

Cependant les flottes combinées faisaient vaillamment leur devoir. Elles s'étaient divisé le travail. La flotte anglaise attaquait les forts du Nord, garnis de cent trente canons, et l'escadre française tenait tête aux trois cent cinquante bouches à feu des forts du Midi. La mer disparaissait sous l'épaisse fumée de la poudre. De temps en temps, le soleil perçait la nuée épaisse, et alors les vaisseaux nous apparaissaient comme plongés au milieu d'un vaste incendie. Les feux se croisaient avec une rapidité prodigieuse. Et, au milieu du fracas et des éclairs, les officiers de marine, revêtus de leur élégant uniforme, se montraient calmes et bravant le danger. On exalte surtout le sang-froid de l'amiral Hamelin. Cent cinquante boulets frappèrent son navire. Trois boulets rouges y décidèrent trois incendies successifs. Une bombe fit explosion sur sa dunette, et coupa en deux un de ses aides de camp. Lui-même fut soulevé sur son banc de quart par la violence du coup. Mais il resta calme tel qu'il était au moment où, donnant le signal du combat, il disait à sa flotte : « *La France vous regarde !* »

On estime que dans cette lutte brillante la flotte

et les forts échangèrent cent mille projectiles.

Quel malheur que des accidents indépendants du courage et du génie soient venus détruire l'effet d'une attaque si remarquable!

Maintenant les Russes profitent du temps que leur laisse le ciel; ils remuent la terre, multiplient leurs batteries, doublent leur enceinte de fortifications, et nous préparent, sous l'habile direction du général Totleben, une de ces résistances qui rendra sans doute plus beau notre triomphe, mais qui nous coûtera bien du sang généreux.

L'hiver s'annonce comme devant être rigoureux. Le 14 novembre, il nous a livré un assaut tel, que les Russes ne nous en donneront jamais un semblable dans nos retranchements. Il faudrait être Homère pour vous dépeindre cet horrible ouragan. La nuit avait été froide. Tout à coup, sur les quatre heures du matin, le vent se déchaîne avec furie. La toile de nos tentes résiste d'abord en frémissant. Mais bientôt nos efforts sont vains pour conserver nos modestes abris. Le vent redouble sa fureur. Il passe entre la terre et la partie de la toile qui repose dessus, fixée par des piquets; alors il gonfle le frêle édifice, qui se dilate comme un ballon, se sent arracher de terre et retombe en tourbillonnant.

D'autres tentes prêtent au vent un flanc trop peu solide. La toile se déchire, flotte d'abord en lambeaux comme un drapeau criblé de balles, et s'en va semant au loin ses débris. Ailleurs, ce sont les grands piquets destinés à soutenir le faîte de la tente qui plient sous l'effort de la tempête, se brisent et laissent tomber le petit édifice comme un informe paquet de vieux linge. En un instant, tout est emporté. Les habits, les casquettes, les brillants uniformes, les petites tables, le linge, et jusqu'aux papiers de la comptabilité de l'armée, tout vole au gré des vents et fuit comme en se moquant devant les nombreux infortunés qui les poursuivent. Je ne sais si l'histoire du monde présente un spectacle plus étrange. C'était le matin. Beaucoup de *gentlemen* avaient été surpris dans leur lit. Or jugez de leur stupéfaction, lorsque, sans demander la permission à Leur Grâce, un vent impertinent leur enlève leur tente et disperse au loin pantalons, bottes, cravates, robes de chambre et bonnets Il y a un moment où le pouvoir lui-même est impuissant contre certains événements. C'était le cas de beaucoup d'officiers supérieurs dont l'unique vêtement blanc flottait au gré de la tempête d'une manière souverainement incommode.

Au bout d'un quart d'heure, la scène avait changé. Tous ceux qui avaient pu courir après leur bien en avaient retrouvé quelques débris; celui-ci avait accroché un pantalon rouge et l'avait enfilé lestement, courant, les pieds nus, après un brodequin fugitif; celui-là avait retrouvé ses bottes, et paraissait dans le costume léger d'un Écossais. Un autre avait réussi à troquer son bonnet de nuit contre un képi, et cet unique ornement rouge ressortait en forme de mascarade sur une robe blanche de nuit. Le plus désappointant de l'affaire, c'est que le vent ne cessait pas. Et, lorsque chacun fut parvenu à ressaisir une à une toutes les pièces de son vêtement qui n'étaient point tombées dans la mer, impossible de relever sa tente pour s'abriter. Or une pluie fine et glaciale tombait impitoyablement et gelait les membres. Et puis la violence du vent était telle, qu'il fallait s'abriter contre un rocher ou se cramponner aux pierres aiguës pour n'être pas renversé.

L'accident eût été seulement comique si les malades et les vaisseaux n'eussent pas eu à supporter d'affreuses angoisses. Imaginez-vous tous ces pauvres blessés d'Inkermann, avec une jambe ou un bras coupés, la tête fracassée, la poitrine percée, étendus à terre sans pouvoir se remuer, et tout à coup privés de leur abri, recevant sur eux la pluie froide et essuyant toutes les rigueurs de la tempête. En vain demandaient-ils un peu de tisane chaude pour raviver leurs membres engourdis, les foyers étaient détruits, les tonneaux d'eau renversés, les instruments de cuisine dispersés. Si, dans le bouleversement général, leurs blessures s'étaient rouvertes, il ne restait aux médecins ni eau pour les laver, ni bandages pour arrêter le sang. Plusieurs succombèrent à cette torture. Au quartier général, on avait, depuis quelques jours, dressé des baraques en bois pour les malades. Mais les planches furent soulevées et dispersées par le vent. Deux hommes reçurent un éclat de bois en pleine poitrine et moururent sur-le-champ. Cette horrible tempête dura douze heures. J'avais été assez heureux pour conserver ma tente debout. J'avais chargé de pierres ses piquets et le bas de sa toile. Il y eut de grandes avaries sous mon modeste pavillon, mais enfin mon petit ménage resta à l'abri. Je m'en félicitais doublement en face du malheur de tant d'autres. Je n'oublierai jamais l'impression que produisit sur moi l'état de nos pauvres malades, d'autant plus désolant que nul moyen de secours n'était possible.

Plusieurs vaisseaux ont été jetés à la côte. Heureusement le dévouement et l'habileté des commandants de la marine impériale ont sauvé la vie à tous leurs hommes. Il n'en fut pas de même sur un petit bâtiment génois, frété par le gouvernement français pour le transport de vingt-cinq hussards avec leurs chevaux. Lorsque le bâtiment, à demi brisé, fut jeté sur un rocher, le capitaine et son équipage se précipitèrent dans la chaloupe avec leurs bagages, sans s'inquiéter de la vie de nos hommes. Dieu les punit, et le capitaine se noya. Nos hussards, cependant, étaient toujours sur le bâtiment, qui menaçait à chaque moment de s'entr'ouvrir et de les précipiter à la mer. Quelques-uns d'entre eux étaient parvenus à se glisser dans la chaloupe sur les paquets. Ils étaient à terre, épuisés et meurtris. Un homme se trouva assez de force pour courir à Kamiesh, et demander du secours. Cinquante marins arrivèrent. Mais la mer était furieuse. Il fut impossible d'approcher du navire. Alors un malheureux, poussé par le désespoir, se précipita dans les flots sans songer que ses vêtements l'empêcheraient de nager. Il disparut sous la vague, et on ne le revit plus. Un autre suivit son exemple; deux fois il remonta sur la vague; une troisième fois, on le vit s'accrocher à un câble qui pendait du haut d'un mât; mais quelque chose évidemment l'attirait en bas; ses pieds paraissaient arrêtés dans la mer. Après quelques minutes d'efforts terribles à contempler, il s'engloutit pour toujours. Plus tard, on retrouva son cadavre. Ses éperons étaient engagés dans une voile tombée au fond de l'eau. Après quelques heures d'anxiété, les hommes venus pour porter secours durent s'en retourner, le désespoir dans le cœur, et nos malheureux amis restèrent debout sur les débris flottants, s'accrochant aux cordages pour résister au vent. La nuit vint, et ceux qui n'avaient pas succombé à la fatigue et au désespoir furent recueillis le lendemain matin et rendus à la vie.

Adieu, cher comte. Assez de souvenirs de malheurs pour aujourd'hui. Taisons-nous. Acceptons les épreuves ménagées par la Providence, et surtout ne perdons pas confiance. N'oublions pas que la grandeur de la lutte assure la gloire du succès. Adieu.

CINQUIÈME LETTRE

INKERMANN.

A MONSEIGNEUR L'ÉVÊQUE DE ***.

ARMÉE D'ORIENT.
Devant Sébastopol, le 10 novembre 1854.

Monseigneur,

J'ai appris avec quelle bienveillance vous avez la bonté d'accueillir mes nouvelles du pays d'outre-mer. Je tiens à vous en remercier, et je vous demande la permission d'adresser à Votre Grandeur ce récit des événements de nos quinze derniers jours. Puisse-t-il vous intéresser! puisse-t-il du moins être le témoignage de mon zèle empressé pour tout ce qui vous est agréable!

Nous sommes ici campés sur une terre peu célébrée dans nos siècles modernes, et cependant pleine de vieux souvenirs. Sans parler des exploits guerriers des païens qui illustrèrent la Chersonèse, ne sommes-nous pas sur le sol même où, dans les premiers siècles de l'Église, les chrétiens persécutés donnèrent le bel exemple d'une foi plus forte que la mort? La terre sur laquelle est plantée ma tente est celle où s'élevait autrefois la ville de Kerson. Les invasions successives des Tartares, des Lithuaniens et des Turcs, en avaient sans doute à peu près détruit tous les vestiges; mais il y a soixante-huit ans seulement que deux tours élevées qui soutenaient de belles portes de fer indiquaient encore l'entrée de la vieille cité, dont quelques monuments en ruine rappelaient la grandeur passée. Je ne sais quelle idée vandale inspira aux Russes de faire disparaître ces témoins de l'histoire des premiers âges; mais on assure que cinq ans après la conquête de la Crimée, lorsqu'en 1783 ils voulurent construire Sébastopol sur les hauteurs qui dominent la rade et le port, ils allèrent chercher une partie de leurs pierres sur le territoire de Kerson. Il y a dans ce fait un oubli inconcevable du respect dû aux monuments de l'histoire, car, à la même distance, les magnifiques carrières d'Inkermann eussent fourni les mêmes matériaux et plus encore.

Malgré ces dévastations successives, le cœur chrétien trouve cependant ici un aliment à ses pieuses recherches. Du sommet des hauteurs occupées par nos divisions dites d'observation, nous apercevons, sur le revers de la colline qui descend vers la Tchernaïa, l'église élevée autrefois près de la fontaine miraculeuse de saint Clément.

Me permettrez-vous, Monseigneur, de rappeler à votre souvenir la légende de la fondation de cette église? Sous l'empereur Trajan vivait le pape saint Clément, disciple et successeur de saint Pierre. Irrité des nombreuses conversions faites par le saint Pape, l'empereur païen le condamna à être déporté dans la Chersonèse et à travailler aux carrières voisines de Kerson. Le Pape passa plusieurs années dans ces travaux pénibles, édifiant par ses vertus les nombreux fidèles ses compagnons de souffrances. Quelques païens se convertirent à sa parole; mais ils étaient en trop petit nombre pour exciter l'attention des tyrans. Un jour cependant Dieu voulut manifester la vertu de son serviteur et récompenser son zèle. Par une température brûlante, l'eau manqua aux nombreux travailleurs des carrières, et une soif dévorante menaça de les faire périr. Dans cette extrémité, Clément recourut à Dieu, et, s'étant éloigné de quelques pas, il gravit une partie de la montagne et se mit en prières. Après une courte oraison, il leva les yeux et vit un agneau d'une blancheur éclatante dont le pied droit, frappant la terre, fit jaillir une source d'eau pure comme le cristal. Les chrétiens avertis se précipitèrent vers la fontaine en louant Dieu. Les païens les suivirent, et un grand nombre d'entre eux, frappés du prodige, abjurèrent leurs erreurs et reçurent le baptême dans cette eau, qui fut réellement pour eux la fontaine de l'Écriture, *fons aquæ salientis in vitam æternam*. Le miracle fut connu. Le tyran s'en offensa, et, par ses ordres, le pape Clément fut précipité, avec une ancre au cou, à trois milles dans la mer. Or, Dieu le permettant ainsi, la mer se retira et supendit ses eaux, comme autrefois celles de la mer Rouge. Alors les fidèles coururent au lieu où ils avaient vu disparaître le saint, et ils y trouvèrent comme un dôme de marbre disposé en forme d'église, au milieu duquel était un tombeau. Dans le tombeau reposait le corps du martyr, et on voyait à côté l'ancre, instrument de son supplice. Les sacrés ossements furent aussitôt emportés et déposés près de la fontaine de l'agneau, où plus tard s'éleva une église actuellement en ruines. Nous voyons l'église sans pouvoir y parvenir nous-mêmes. Elle est dans le camp des Russes. Mais, de ce côté-ci de la rivière, nous trouvons des corridors pratiqués dans les flancs de la montagne, et çà et là des cellules espacées le long du souterrain indiquent la demeure de pieux solitaires. On y voit leurs bancs taillés dans le roc et de petites ouvertures destinées à éclairer les cellules. Au fond du corridor est une chapelle assez vaste, de style byzantin. Comme à Sainte-Sophie, un dôme surmonte la partie du milieu, et quatre hémicycles disposés en croix forment les chapelles latérales. Celui qui était destiné au sanctuaire est plus grand que les autres, mais il est aussi plus dégradé. Le fond de l'abside a été enlevé par le marteau brutal des ouvriers carriers.

Tout près de nous encore, et sur le terrain qui nous sépare des Russes, du côté de la mer, est une chapelle de construction toute nouvelle et sans architecture. On pense qu'elle fut élevée sur les ruines du temple où le saint duc Wladimir fut baptisé. Elle est sous le vocable du saint.

Enfin, derrière le quartier général, au fond d'une crique abrupte, sur le sommet d'un rocher sauvage, à l'endroit, dit-on, où s'opéra le sacrifice d'Iphigénie, s'élève l'église de Saint-Georges avec un monastère de ce nom. Ce monument a résisté à l'invasion des Tartares, et, depuis quelques années, les Russes en avaient fait l'habitation des aumôniers schismatiques de leur flotte.

Tant de pieux souvenirs parlent au cœur. Et, dans les nombreux moments de fatigue, nous pensons, pour relever notre courage, aux glorieux exemples des chrétiens nos devanciers. Ils souffrirent, ici, plus que nous pour la cause du même Dieu, toujours aimable et toujours bon, qui prépare à tous une abondante récompense.

Mais abandonnons les souvenirs anciens. Aussi bien le bruit des armes qui se fait entendre annonce que l'histoire héroïque de la Chersonèse n'est pas finie. Hier encore la plaine d'Inkermann fut témoin des efforts d'un superbe dévouement.

C'était le 5 novembre. Les Russes avaient reçu de nouveaux renforts, et même les deux grands-ducs Michel et Nicolas, fils du czar, étaient venus ranimer par leur présence leur martiale ardeur. La nuit n'avait été qu'une longue tempête. Le vent, la pluie, le froid, avaient assailli nos travailleurs nocturnes et nos grand'gardes. Un brouillard épais couvrait nos camps, lorsque tout à coup, sur les cinq heures du matin, un mouvement s'opère du côté de l'ennemi. Surpris quelques jours auparavant auprès de Balaclava, les Anglais avaient mis tous leurs efforts à préserver leur port d'une nouvelle attaque. Malheureusement ils n'avaient pas songé que, entre ce point et la limite extrême de leur camp, du côté de la ville, il y avait des montagnes dont le pied, baigné dans la Tchernaïa, présentait à l'ennemi un accès trop facile. Les hauteurs n'avaient point été fortifiées. Les Russes s'en étaient aperçus, et ils avaient résolu de nous faire payer chèrement cette imprévoyance. Tandis que les soldats anglais dormaient encore sous leurs tentes, leurs avant-postes étaient surpris. Une lutte sanglante s'était engagée entre le front de l'armée russe et deux cents Anglais qui soutenaient vaillamment une lutte corps à corps vis-à-vis d'une force mille fois supérieure à leur petit nombre. L'armée anglaise était à peine réveillée par ce bruit, que l'éclat des détonations russes traversait le camp, semblable à celui de la foudre. Les tentes sont criblées de balles. Les hommes en sortent effarés. Ils saisissent leurs armes et veulent courir à l'ennemi. Mais que peut la valeur en des circonstances tellement critiques? Comment rallier des troupes au milieu d'un camp pris d'assaut? Quel signal les chefs élèveront-ils en l'air par un temps sombre, au point du jour, lorsque le brouillard obscurcit l'air? Comment leur voix se fera-t-elle entendre au milieu du tumulte et des rugissements incessants de l'artillerie, doublés et triplés par les nombreux échos des vallées d'alentour? On court, on se précipite; malheureusement les Anglais n'ont pas eu le temps de revêtir leurs uniformes rouges. Ils portent encore leur capote grise de nuit dont la couleur se confond avec celle des Russes et les expose à tirer les uns sur les autres. Dans cette effroyable mêlée, une balle frappe mortellement le brigadier général Goldie. D'autres blessures atteignent les généraux Adams, Torrens et Bentinck. Lord Raglan est accouru sur le lieu du désastre. Toujours alerte et prêt à tout, le général Canrobert le rejoint immédiatement. Tous les deux se consultent avec anxiété. L'absence de jour les empêche de rien distinguer. Alors le général français offre courtoisement le secours de ses troupes aux alliés en péril. Un aide de camp se lance dans la mêlée pour porter cette offre à lord Cathcard. « Sans doute, il le faut; mais ne vous hâtez pas, nous avons le temps. » ré-

4.

pond le noble combattant, jaloux de procurer à sa nation l'honneur de la victoire. Un moment après il tombe frappé à mort. Il fallait se hâter. Le général Bosquet avait à peine reçu l'ordre de son chef que ses troupes s'étaient déjà jetées intrépides, et fières, au sein du danger. Le 6ᵉ de ligne, cinq compagnies de tirailleurs algériens, des zouaves et d'autres régiments encore étaient arrivés au pas gymnastique. Alors il se fit un hourra précurseur de la victoire. *Les Français! les Français!* crièrent les Anglais avec enthousiasme. « Courage, les Anglais! répondirent les nôtres. *Vive les Anglais!* »

Un choc soudain sembla avoir ébranlé les colonnes compactes des Russes. « Zouaves! zouaves! » s'écrièrent-ils avec terreur en pensant à la journée de l'Alma. Or tous nos hommes étaient des zouaves pour l'entrain et pour le courage. On chargea à la baïonnette. Les Russes, démontés, essayèrent de résister. Un moment ils crurent nous avoir arraché un de nos drapeaux. Mais le colonel de Camas a percé leurs bataillons pour courir à la délivrance du signe de l'honneur. Mille balles le renversent; n'importe, il reste des hommes dignes de voler sur les pas du héros. Le lieutenant-colonel se précipite à son tour et meurt. Un chef de bataillon le remplace et tombe à côté de lui. Enfin, un quatrième officier rapporte le trophée criblé de balles. Bientôt les Russes sont culbutés. On se fait arme de tout. Lorsque les baïonnettes sont tordues, on se sert des crosses de fusil pour faire des massues. Lorsque les fusils se brisent, on se baisse, on arrache des pierres dans la terre et on les lance à l'ennemi. C'est fait! nous sommes vainqueurs. Le soleil n'est pas au milieu de sa course, et les Russes ont cherché leur salut dans la fuite. Ils se sont glissés dans les défilés profonds, et leurs masses énormes se sont dispersées comme la paille dans l'air. Les Anglais félicitent les Français et les embrassent avec bonheur, en attendant que leur général en chef se fasse leur interprète officiel dans un ordre du jour publié le lendemain.

Pendant que ces événements se passaient à Inkermann, les Russes essayaient de fixer notre attention à l'extrême gauche. Ils avaient organisé une sortie pour repousser nos avant-postes et détruire nos travaux de siége. Un moment nous fûmes surpris; mais le général de la Motterouge, commandant la tranchée pour cette nuit-là, se glissa avec une troupe armée dans un des boyaux creusés à cet effet et surprit le flanc découvert de l'ennemi. En même temps, le brave et vaillant général de Lourmel, chargeant à la tête de sa brigade, poursuivit l'ennemi jusque dans ses murs. On dit que, si les généraux de la Motterouge et de Lourmel eussent été soutenus, nos troupes auraient pu entrer dans la ville pendant que la majeure partie des ennemis étaient engagés à Inkermann. Mais Dieu ne voulait pas encore nous donner le triomphe, et cette sortie imprévue nous a coûté la vie du général de Lourmel, un de nos chefs les plus vaillants. Hélas! hélas! que la guerre est terrible! Ses triomphes sont marqués par des lignes sanglantes sur des pages de deuil. Ne nous plaignons pas, cependant; tandis qu'un seul général français a succombé dans la lutte, aux généraux anglais déjà cités il faut adjoindre un autre mort illustre et encore un général blessé.

Rarement j'ai vu plus triste spectacle que le champ de bataille après le combat. Nulle comparaison n'en donne une idée. Il faut y avoir été. Il faut avoir promené ses yeux sur ces vastes terrains couverts d'un affreux pêle-mêle d'hommes morts, à moitié ensevelis dans la terre et dans le sang. Les uniformes de toutes les couleurs sont déchirés, souillés, couverts de terre et de boue. Les hommes sont étendus dans toutes les positions imaginables. Celui-ci a la face enfouie dans la terre. Celui-là, renversé sur le côté, perd son sang par les yeux, par les narines et par la bouche. Un autre est couché sur le dos, les bras et les jambes écartés, la poitrine traversée et le visage horriblement gonflé. Et puis ce sont des troncs sans jambes, des têtes coupées, des moitiés de visage emportées, des bras, des jambes dispersés. Parmi tous ces cadavres, on voit des fusils brisés, des sabres rompus, des baïonnettes tordues, et puis des lambeaux d'habits violemment arrachés. Ici est un monceau de cadavres. Une colonne tout entière a été renversée. Elle voulait franchir un pas difficile. L'ennemi, par une décharge de mitraille, a renversé ses premières lignes. D'autres hommes sont venus et sont tombés sur les cadavres de leurs frères. Pour atteindre le but, les suivants ont dû monter sur cette barrière de corps humains; alors, sur le haut de ce piédestal effrayant, a commencé une nouvelle attaque où les deux partis ont lutté à coups de baïonnettes et de crosses de fusils. Quelques-uns se sont pris corps à corps. Le sang humain a coulé comme le feraient les eaux d'un fleuve sur la montagne de cadavres, et, quelques heures après, parcourant le champ de bataille, vous êtes arrêté çà et là par la hideuse barrière. Quelquefois, sous le tas des morts, quelques hommes respirent encore; mais la force leur manque pour soulever le poids de chair et d'ossements humains qui les accable; à peine si leurs gémissements se font entendre, et de longues heures s'écoulent avant qu'ils puissent être dégagés.

Aussitôt après la bataille, les soldats du train, conduisant de nombreux mulets, furent envoyés pour relever les blessés. Il y avait un singulier contraste dans ce mouvement de la vie au milieu de la mort. Le soir surtout, lorsque la nuit eut ajouté à l'horreur de ce champ funèbre, on se sentait saisi en voyant une foule de lueurs douteuses projetées par les lanternes circuler çà et là sur cette plaine jonchée de cadavres. A mesure que le pied heurtait un corps humain, l'homme qui portait la lanterne se baissait et promenait la lumière le long du cadavre; quelquefois il était obligé de le retourner pour voir le visage et s'assurer des battements du cœur. Cette triste corvée dura trois jours. Pendant trois jours aussi, dans les ambulances voisines, les chirurgiens furent continuellement à l'œuvre. Depuis le matin jusqu'au soir, à mesure qu'on leur apportait les blessés, ils découvraient les plaies, sondaient la profondeur des blessures, et puis coupaient des membres, ouvraient les chairs pour en arracher des fragments d'os, trépanaient des malheureux blessés à la tête; et, les mains dans le sang, recousaient des chairs séparées. Enfin, pour achever ce spectacle de douleurs, des compagnies de soldats creusaient dans la terre de longs fossés dans lesquels on déposait à mesure les cadavres des Français, des Russes, des Anglais et des Turcs indistinctement, rangés les uns à côté des autres en lignes pressées, et puis on y rejetait de la terre; et le prêtre bénissait ces tombes aux mille cadavres.

Parmi les morts on retrouva le corps du colonel de Camas. Blessé mortellement, il s'était fait conduire à quelque distance de la mêlée. Ensuite il s'était assis à terre, recommandant son âme à Dieu, et disant au sergent qui s'empressait autour de lui de retourner à la défense de son drapeau et de le laisser mourir. Ses dernières paroles furent sublimes. Au moment de paraître au jugement de Dieu, il envoya dire à son frère : « Si quelqu'un se plaint d'avoir été offensé par moi, dis-lui que je lui demande pardon. » Ensuite ses yeux s'obscurcirent, ses forces l'abandonnèrent. Mais, au lieu de chercher à retenir une vie qui s'échappe comme essayent de le faire les mourants vulgaires, ce vrai soldat ne pensait qu'à son devoir, et, par un mouvement instinctif, au fort de son agonie, il étendait les mains autour de lui comme pour retrouver quelque chose! et on entendit sortir ces paroles de sa bouche : « *L'épée de mon père!* »

Adieu, Monseigneur. Je recommande tous nos morts à vos prières puissantes. Vous êtes un de leurs pontifes ; élevez vos mains et bénissez les enfants de la France, morts au champ d'honneur. Bénissez aussi leurs familles. Hélas! que de pleurs seront versés à la nouvelle de cette victoire sanglante! Il me semble que le vent de la mer nous apporte jusqu'ici l'écho des gémissements de tant de mères, de tant d'épouses et de jeunes orphelins qui appellent en vain celui qui n'est plus. Adieu encore, Monseigneur; veuillez agréer mes hommages respectueux, et croire à mon dévouement inaltérable. Je me recommande à vos prières.

SIXIÈME LETTRE

NOBLE ATTITUDE DE L'ARMÉE.

AU DIRECTEUR DES PRÉCIS HISTORIQUES.

ARMÉE D'ORIENT.
Devant Sébastopol, le 29 décembre 1854.

Mon Révérend Père,

Vous me demandez de nouveaux détails sur notre position en Crimée, et vous voulez savoir ce qui s'opère de bien dans ce pays par les deux grandes nations qui l'occupent militairement. Bien volontiers j'essayerai de vous satisfaire. Seulement, convenons d'une chose : vous n'exigerez de moi aucune dissertation stratégique ; vous ne me demanderez pas non plus ce qu'on aurait dû faire ou ne pas faire dans la direction des affaires politiques ou des opérations militaires qui ont trait à la campagne présente. Je suis, à cet égard, dans la plus complète ignorance, et je veux y rester. Un prêtre ne vient point ici pour s'occuper de choses tout à fait étrangères à son ministère. Son but est d'offrir des consolations religieuses au courage héroïque, de soutenir et de fortifier la vertu des braves, de se dévouer et de mourir sans avoir jamais ouvert les yeux sur des objets qu'il n'a pas le temps de voir et qui ne le regardent pas. J'aime mieux être, ici, l'écho de la vertu modeste et vous dire, à la gloire de nos armées, tout ce qu'il y a de dévouement et de sentiments chrétiens dans ces poitrines militaires, journellement exposées au feu de l'ennemi.

Nos soldats ont eu une double épreuve à supporter, depuis l'ouverture de la campagne, et je ne sais, en vérité, laquelle des deux demande une résignation plus magnanime. Il est terrible assurément, pour des fils bien nés, pour des maris, pour des pères, d'affronter la balle ennemie et de s'exposer de sang-froid à livrer tout ce qu'on aime à la douleur et au deuil; mais le courage est soutenu par l'amour du pays, par l'œil intelligent du chef, par l'espérance de la victoire et aussi par la douce pensée d'une récompense probable; tandis qu'en face de la maladie la position est bien autrement cruelle, vous le comprenez. Mourir sans gloire et sur la terre étrangère, c'est bien dur pour une âme ardente et passionnée. Eh bien, considéré à ce point de vue, le début de notre campagne a été admirable. Soldats et officiers ont su pousser jusqu'à l'héroïsme le dévouement au pays. Au lieu de murmurer sous les coups du fléau destructeur, au lieu de demander lâchement à fuir le sol cruel qui leur donnait la mort, ils ont su aimer aux dépens d'eux-mêmes, et, tombant par milliers, comme le blé mûr sous la faucille, ils ont fait le sacrifice de la gloire et de leurs affections les plus chères, ils sont morts en formant des vœux pour la prospérité de la France.

Je ne rappellerai pas les désastres de Gallipoli et de Varna; ils sont connus et appréciés. Mais je révélerai un fait peut-être ignoré; c'est qu'après la belle victoire de l'Alma, au milieu des joies du triomphe, le fléau a voulu avoir des victimes; et, sous les murs de Sébastopol, nos soldats, haletants et pleins d'ardeur, ont dû tomber encore sous les coups de la maladie et mourir en face de la terre promise, sans la consolation d'Épaminondas, qui s'ensevelissait dans la gloire de son triomphe.

Quel spectacle navrant que celui d'une armée ainsi

torturée! Voyez-vous ces soixante mille hommes débarqués d'hier sur la plage ennemie et resserrés dans les limites du cap Chersonèse? La gravité de la situation n'a pas permis d'emporter de Varna autre chose que le strict nécessaire; et même, est-il bien sûr que le nécessaire ne manque à personne? Plusieurs officiers sont sans chevaux et presque sans linge. Ils sont venus comme les lutteurs anciens, dégagés de tout ce qui pouvait ralentir leur marche et compromettre la victoire. Cependant il faut camper dans un pays où manquent les abris et le bois nécessaire pour en construire, sur une plage ingrate qui n'offre aucune ressource. Et le choléra est là. Il a passé la mer; il a suivi les vainqueurs de l'Alma; il se dresse menaçant; il se prépare à frapper! En vain les officiers d'administration et les officiers de santé se multiplient et font d'héroïques efforts pour adoucir aux malades les tortures de la douleur; le dévouement lui-même ne crée pas l'impossible. Si vous soulevez la toile d'une de ces tentes dressées les unes à côté des autres pour former une ambulance, vous serez saisi d'une pitié profonde pour les malheureux qu'elle recouvre. Seize hommes y sont couchés côte à côte; une natte étendue sur la terre humide leur sert de lit; ils ont conservé leurs vêtements. Avec quoi se réchaufferaient-ils? Une moitié de couverture est tout leur bagage. Ils ont la tête appuyée sur leur sac ; ils sont renversés sur le dos. Des crampes leur roidissent les membres et répandent sur leurs traits une impression désespérante ; ou bien la violence du mal a épuisé leurs forces ; ils sont immobiles, les yeux fixes et sortant presque de leurs orbites ; leur bouche est ouverte, et, s'ils la ferment en vous voyant, c'est pour vous dire ce mot échappé avec peine d'une poitrine haletante : « A boire! » Mais voyez encore. Sous cette autre tente, que se passe-t-il ? Tandis que l'infirmier donne ses soins à d'autres infortunes, ce malade en délire s'est dépouillé de ses vêtements ; il est étendu sans mouvement sur la terre nue ; il est mort. Cependant son malheureux camarade, sur le point d'expirer à son tour, a cherché instinctivement une position plus douce ; vous le trouverez tout à l'heure, à demi nu, luttant avec la mort, la tête appuyée sur le cadavre voisin. Hâtons-nous d'ajouter que cet état de choses, résultat nécessaire de la surprise du premier moment, n'a pas duré longtemps. Le courage du corps médical et celui de l'administration ont opéré des prodiges : de rien ils ont su créer des ambulances aussi bien organisées que le permettent les circonstances. Mais enfin l'épreuve a été faite. La vertu ne s'est pas démentie au creuset de la tribulation : pendant ces journées douloureuses, pas une plainte, à ma connaissance, n'est sortie de la bouche de nos soldats.

« Ah! ce qui me désespère, disait un soldat malade, c'est de penser que mes camarades sont au feu et que je ne partage pas leurs dangers. »

« Pourquoi pleurer? disait un officier supérieur à un soldat auquel on venait d'amputer la jambe : vous guérirez; vous irez aux Invalides, ou bien vous aurez une pension du gouvernement jusqu'à la fin de vos jours.

— Non, non, mon colonel, ce n'est pas là une consolation, répondait le soldat. L'armée continuera à s'exposer noblement pour la France, et je serai condamné à l'inaction. Voilà mon malheur! »

Un jour, après un engagement qui avait été meurtrier, tous les docteurs étaient occupés à panser des blessures; on avait déposé, un peu plus loin, un jeune sergent de chasseurs à pied, qu'une balle avait traversé de part en part. Il se sentait mourir; je voulais le consoler.

« Ah! mon Père! la mort ne me fait pas de peine,

me disait-il ; je viens de me réconcilier avec Dieu ; je ne crains pas sa justice. Mais, au service, je pouvais, à force de privations, économiser quelques pièces de monnaie pour ma vieille mère, qui est bien pauvre. Quand elle ne m'aura plus, elle sera dans la misère. »

Et une larme tombait de ses yeux, et il priait pour sa mère. Je lui fis dire pour elle un *Pater*, et il mourut en prononçant ces mots : « Donnez-nous aujourd'hui notre pain quotidien. » Heureux fils et pauvre mère !

« Vous voulez me couper les jambes ! s'écriait un jeune soldat auquel un éclat d'obus avait fracturé les deux cuisses. Eh bien, faites-moi souffrir le double, mais conservez-moi l'usage de mes membres. Ce n'est pas pour moi, c'est pour ma mère ! »

Et en prononçant ces dernières paroles, son ton prit un tel accent de douleur et d'amour filial, que le docteur n'eut pas le courage de faire l'opération. Il en laissa le soin à ses collègues et se retira tout ému dans une tente voisine.

« Il a demandé au nom de sa mère, me disait le médecin ; à ce nom, le cœur me manque. »

En vérité, mon Révérend Père, je n'aurais jamais cru qu'il fallût venir en Crimée pour connaître le cœur du soldat français. J'aimais beaucoup la France, et j'aimais aussi beaucoup l'armée, moi Français, fils d'un lieutenant général des armées françaises; cependant je sens que j'aime encore davantage et mon pays et son armée, par tout ce que je viens de voir. La maladie a été terrible, mais elle a eu son temps; à l'heure qu'il est, elle ne fait plus que de ces ravages très-ordinaires dans tout pays où il y a une nombreuse agglomération d'hommes.

Un autre ennemi ne cessera de nous tourmenter jusqu'à notre retour en France; cet ennemi, c'est la fatigue. Eh bien, ici encore, le courage ne se dément pas; la valeur morale remporte sur le physique une continuelle victoire. Il pleut depuis plusieurs jours; la terre est détrempée; le terrain est humide; les habits du soldat sont encore mouillés; cependant le clairon sonne; il faut aller à la tranchée, c'est-à-dire à une portée de fusil de la ville. La mitraille ennemie ne cesse de pleuvoir. Pour s'abriter contre le feu, il faut descendre dans la tranchée pleine d'eau et se tenir immobile derrière le pli du terrain; mais le froid va devenir un ennemi presque aussi terrible que le feu, et cette sorte de garde durera vingt-quatre heures. N'importe! Le soldat y restera ferme, afin de préserver le reste de l'armée des sorties de la place. De temps en temps, un obus, éclatant au milieu de la troupe intrépide, renversera quelques hommes par terre en les tuant ou en les mutilant. Aussitôt quatre camarades emporteront les blessés sur un brancard pour les confier aux soins des docteurs, et, sans frémir, ils reviendront à leur poste où le même sort les attend peut-être. Mais enfin, direz-vous, ils se reposent, ces hommes, au bout de vingt-quatre heures de tranchée. Ah! ah! le repos, n'en parlons point; il est rare en temps de guerre. Le soldat revenu au camp aura d'autres gardes à monter; puis viendront les corvées : il faut aller à une ou deux lieues de là pour chercher de l'eau ou bien pour arracher les dernières racines des arbres, afin de faire bouillir la petite marmite. Peut-être pleuvra-t-il encore sur le dos de l'homme fatigué, et, quand il rentrera, il ne pourra changer de vêtements, il n'aura pas même la ressource de se sécher devant un grand feu, car le bois est rare et on l'épargne même pour la cuisine. Voilà une légère esquisse des fatigues de nos soldats. Avouez, mon Révérend Père, qu'il faut du courage pour résister, pendant plus de deux mois d'hiver, à de pareilles fatigues, et admirez avec moi la grandeur d'âme et la magnanimité de ces hommes.

† Si maintenant vous essayez de découvrir le mobile qui entretient le feu sacré au fond du cœur de nos militaires, je vous engage à le chercher dans un profond sentiment du devoir, inspiré et soutenu par l'espérance chrétienne. Qu'attendent-ils, en effet, ces soldats qui se dévouent jusqu'à la mort ? quelle espérance humaine peut être la leur ?

« Allons au feu, camarades, disait plaisamment un jeune soldat à ses compagnons, qui venaient, comme lui, de recevoir ma bénédiction ; allons au feu ; pour notre récompense, nous aurons ou une balle dans la tête, ou les Invalides avec une jambe de moins et des douleurs de plus. »

En effet, la libéralité des chefs est grande, je l'affirme, et je suis touché des efforts qu'ils font journellement pour encourager le mérite ; mais la sollicitude d'un général, quelque grande qu'elle soit, peut-elle atteindre chacun des quatre-vingt mille hommes qui se battent sous ses ordres ? Les faveurs humaines ne se calculent pas par la grandeur du cœur qui veut les donner. Elles sont nécessairement limitées ; et, dans une guerre, elles le sont plus qu'ailleurs, puisque la mort leur soustrait trop souvent le moyen de se répandre.

« Non, mon colonel, on ne va pas là pour de l'argent, » répondait l'autre jour un de nos braves à l'officier généreux qui lui offrait une bourse après une action d'éclat.

Il avait raison ; et, sans s'en douter, il était l'interprète de l'armée tout entière. Non, on ne dit pas adieu à son vieux père, à sa vieille mère, à une femme et à des enfants, à ses amis, à sa patrie enfin ; on n'affronte pas les maladies, la fatigue et la mitraille ennemie pour une bonne fortune d'un jour. Il faut un autre espoir : il faut l'assurance d'une vie meilleure.

Les Turcs nous en donnent journellement la preuve. Traversez le camp français : à l'agitation des soldats qui travaillent, à leurs chants, à leurs propos joyeux, vous reconnaîtrez aisément que les tribulations de la vie leur sont peu de chose, et que la certitude d'un meilleur avenir soutient leur moral ; tandis que, tout près de là, vous reconnaîtrez les ravages de la doctrine fataliste qui ronge le cœur de l'humanité pour former dans sa poitrine un vide plus affreux que celui du néant.

« Êtes-vous des nôtres, monsieur l'aumônier ? me disait, le lendemain de mon arrivée, un capitaine dont j'ignore le nom, et qui passait près de moi sur la route. Oh! que la présence du prêtre nous fait du bien! Elle nous rappelle, à elle seule, comme en abrégé, toutes les vérités consolantes. Oui, on a dit vrai lorsqu'on a proclamé l'alliance intime de la croix et de l'épée. Les yeux du soldat ont besoin de rencontrer souvent la croix, car la croix, c'est l'espérance! »

Écoutez ce caporal des zouaves. Il va joindre son témoignage à celui de son chef. C'est un jeune homme à la physionomie ouverte et enjouée. Il a été blessé à la bataille d'Alma, et il revient de Constantinople, où on l'a envoyé se guérir. Nous sommes sur le pont du navire ; beaucoup de camarades nous entourent; la conversation est animée.

« Tout de même, monsieur l'aumônier, il faut en convenir, les Russes nous font rougir ; ils sont plus chrétiens que nous. Le soir de notre grande bataille, ma blessure ne me faisait pas assez souffrir pour me retenir sous ma tente; je parcourais le champ de bataille lorsque, parmi les morts, j'aperçois un officier russe qui respirait encore. En me voyant, son premier mouvement fut celui de la frayeur. Il s'imagina que j'allais l'achever comme un barbare, et il cacha sa tête sous un cadavre. Son but, il me l'a avoué depuis, était de passer pour mort, et de chercher à se glisser dans son camp à la faveur de la nuit. Je m'approche, je lui serre la main, et, craignant de n'être pas compris, je lui demande par signe si je puis lui être utile. Rassuré par mes démonstrations, il me parle en français, me demande à boire et m'exprime le désir de voir un médecin pour obtenir un soulagement à ses cruelles douleurs. Par de bonnes paroles, je lui relevai le cœur et lui fis comprendre tout ce qu'il trouverait de générosité et d'empressement parmi les médecins français. Je ne le quittai plus qu'il ne fût bien installé dans l'ambulance et qu'il n'eût ses plaies bandées. Et l'officier reconnaissant me serrait les mains lorsque je me retirai pour me faire panser moi-même. Des larmes brillaient dans ses yeux; sa voix avait un accent pénétré; il voulait me donner un souvenir éternel de reconnaissance. Eh bien, le croiriez-vous? Après avoir cherché l'objet le plus digne de m'être offert, il détacha de son cou une petite image de la sainte Vierge et de l'enfant Jésus, gravée sur cuivre, et il me la remit, après l'avoir baisée. Oh! oui, les Russes sont plus chrétiens que nous, ils nous font rougir.

— C'est vrai, ajouta quelqu'un, je les ai vus blessés à côté de nous à l'ambulance. Ils faisaient le signe de la croix sans rougir ; ils priaient ostensiblement; nous n'osons pas toujours en faire autant.

— Il faut que cela cesse, répliqua le zouave, car c'est de la lâcheté. Nous sommes tous chrétiens ; nous croyons à Dieu et à la religion ; sans cela, nous ne serions pas si braves, car je défie celui qui n'espère pas en Dieu de se battre avec ardeur : il a trop peur de l'enfer. Eh bien, puisque nous croyons tous, nous ne devons pas avoir honte de nos croyances. A l'avenir, nous ferons mieux. Vous verrez, monsieur l'abbé, qu'à la fin de la guerre, il n'y aura pas tant de respect humain dans l'armée, et que nous deviendrons meilleurs. »

Le zouave avait raison. Sous les apparences de l'incrédulité ou du libertinage, systématiquement affichés, il y a dans le cœur une conviction profonde.

✝ Un soldat m'accoste au milieu d'un camp :

« Vous allez de ce côté-là, monsieur l'aumônier; j'y vais aussi. Est-ce que vous me permettriez de marcher avec vous?

— Volontiers, mon enfant.

— Voyez-vous, monsieur l'abbé, ça me portera bonheur, cette petite course en votre compagnie. C'est comme si j'allais avec le bon Dieu.

— Vous aimez donc le bon Dieu, enfant ?

— Oh ! pour ça, je suis un bien mauvais sujet. Je ne devrais pas parler de mes sentiments religieux, parce que je vis comme un chien (*sic*). Mais j'ai été élevé chrétiennement, et toutes les fois qu'on me fait penser à la religion, je me condamne moi-même au fond du cœur. Tenez, monsieur l'aumônier, je suis trop méchant pour que le bon Dieu m'exauce. Eh bien, cependant, je ne vais jamais au feu sans dire un *Pater* et un *Souvenez-vous*. Sans doute que le bon Dieu ne m'exaucera pas ; je ne le mérite pas ; mais je ne peux pas m'ôter de la tête qu'il aura pitié de son mauvais sujet. »

Et notre conversation dura ainsi pendant un quart d'heure à peu près. J'ajoutai quelques bonnes réflexions aux saillies originales du brave Roger-Bontemps, et nous nous séparâmes après nous être cordialement serré la main.

C'est surtout au moment de la mort que la foi paraît dans tout son éclat et s'échappe étincelante de ces poitrines traversées par la balle ennemie.

« Oh ! vous êtes le bon Dieu, criait un petit soldat breton au prêtre qui entrait dans sa tente. Maintenant que je vous ai vu et que vous m'avez béni, je meurs content. En vous voyant, je crois voir mon père, ma mère, mes frères, mes sœurs, toute ma famille, et le bon Dieu aussi. Que me faut-il encore? Oh! rien de plus: je puis mourir.

— Comment, c'est vous qui m'appelez, s'écriait un prêtre qu'on venait de conduire auprès du lit d'un malade; vous, l'esprit fort du régiment, le docteur en impiété!

— Oui, monsieur l'aumônier, c'est moi. Je veux me confesser très-sérieusement et de tout mon cœur; car, voyez-vous, l'impiété, les airs de protestant et de païen, c'est bon pour vivre, mais c'est le diable pour mourir. »

Et le brave garçon fit ses devoirs de son mieux, et il ne rougit pas d'avouer à ses camarades qu'il avait toujours cherché à leur en imposer, en affichant des principes qui n'étaient pas dans son cœur. Après cet aveu, arraché à une foi sincère, il mourut en priant Dieu.

Le jeune comte de..... arrive de France. Dès le jour de son débarquement, il demande à son frère, plus âgé que lui :

« Où faut-il que j'aille pour me confesser? »

Son frère lui indique la tente de l'aumônier. Le jeune sous-lieutenant y court. Lorsqu'il a reçu l'absolution, il presse la main de son confesseur en lui disant :

« Je puis donc être tranquille ?

— Allez en paix, cher enfant, lui dis-je, allez en paix.

— Eh bien, puisque je suis en paix avec Dieu, je puis être brave. »

Et quelques jours après il se faisait tuer intrépidement à son poste sur le champ d'honneur.

Un jour, je fus chargé d'aller annoncer à un malheureux soldat, arrêté dans l'acte même de la désertion, que son pourvoi en grâce était rejeté et qu'il fallait se préparer à mourir.

— Ah! je le mérite, s'écria-t-il. Je suis un infâme ; j'ai commis un crime ; je ne suis plus digne de vivre ; je n'oserais pas supporter les regards de mes camarades. Mais j'ai un regret : j'ai encore mon père. Et mon père a été si bon pour moi! Et moi, je vais le plonger dans la douleur! »

Alors il pleura. Je le consolai ; je lui dis que j'écrirais à son père, que je lui dirais que son fils était mort en chrétien, qu'il avait pensé à lui en mourant et qu'il lui demandait pardon. Lorsque ce malheureux vit l'espérance d'une consolation pour son père, il cessa de pleurer, me remit son argent pour l'envoyer à sa famille, se confessa avec un calme parfait et ne se démentit plus.

« Qu'on me donne la mort, répétait-il; je la mérite; ce sera bien fait. J'ai donné l'exemple du crime à mes braves camarades; je veux leur donner celui du repentir. »

Voilà, mon Révérend Père, les sentiments qui animent nos jeunes soldats. Maintenant, ne me demandez plus comment ils font pour être braves parmi les braves. Au milieu d'une foule de fautes où les entraînent la faiblesse humaine et le mauvais exemple, ils sont chrétiens, c'est tout dire. Ils sont chrétiens et ils espèrent. Ils espèrent et ils ne craignent pas de mourir; car l'homme qui donne sa vie pour ses frères et pour son pays a droit à la récompense de Celui qui n'oublie pas même le verre d'eau froide donné en son nom.

Voulez-vous maintenant que je vous amuse, en vous racontant, pour terminer, l'histoire d'un petit animal digne de figurer parmi les célébrités de son espèce? Un zouave avait un petit chat qu'il aimait beaucoup. Il l'avait apporté d'Afrique et peut-être de France, peut-être du foyer paternel. Bref, le petit chat était devenu le compagnon inséparable du joyeux soldat. Dans les temps de repos, le petit chat dormait à côté de son maître. A l'heure de la soupe, le petit chat recevait exactement sa ration tirée de la gamelle du maître; et pendant les marches, il grimpait sur le sac du troupier, dont il payait la course onéreuse par mille espiègleries à l'heure de la halte. Or advint, pour le maître, un jour de bataille. On était en face des Russes à l'Alma. Le clairon sonne; le zouave court aux armes et se met en ligne; le petit chat est à son poste. La mitraille donne; le petit chat n'a pas peur. La mêlée commence; le soldat se précipite sur l'ennemi; il court; il se jette à terre pour éviter un éclat d'obus; il se relève, se baisse encore, se redresse de nouveau et combat comme un lion; le petit chat tient bon. Enfin une balle a frappé le zouave, qui tombe baigné dans son sang; aussitôt le petit chat court à l'endroit de la blessure; il regarde; et puis le voilà léchant doucement la plaie. Il étanche le sang et fait si bien qu'il empêche le mal de s'envenimer, et donne le temps au docteur de venir mettre sur la blessure un appareil qui la guérira. L'histoire du petit chat fut connue. Aussi, lorsque le maître fut transporté à l'hôpital de Constantinople, on fit une exception à la règle invariable de l'hospice, et on admit le petit compagnon avec son maître, qui ne veut plus s'en séparer.

Pour finir par quelque chose de plus sérieux, je ne veux pas manquer de donner un éloge à la digne et noble conduite des Français envers leurs ennemis malheureux. Sur les bords de la mer et sur le territoire occupé par notre armée, se trouve un couvent de prêtres russes, dans lequel se sont retirés des femmes et des enfants surpris par l'invasion de leur pays. Aucun mal ne leur a été fait. Ils vivent paisibles sous la garde d'un poste de zouaves; soldats et officiers font du couvent un but de promenade paisible, Russes et Français circulent pacifiquement dans l'enceinte du monastère; et même, comme les provisions sont épuisées, M. le général Canrobert a la galanterie exquise d'envoyer des rations de pain, de viande et de légumes aux amis de nos ennemis.

Une action meurtrière a-t elle eu lieu, point de différence entre les Russes et les Français : nos soldats ne voient sur le champ de bataille que des frères malheureux. Ils relèvent les uns et les autres avec le même empressement; ils les apportent à la même ambulance, les étendent côte à côte sous la même tente, où nos médecins leur prodiguent des soins également empressés.

Ajoutons à l'honneur des ennemis que les blessés, objet de tant d'égards, se montrent admirablement reconnaissants. Ils apprennent parmi nous à connaître et à bénir le nom de la France, et ils paraissent le faire de bon cœur.

Pour moi, j'ai été souvent édifié de la foi de ces hommes. Lorsque, parcourant les rangs des malades, je me baissais vers eux, ils saisissaient ma croix d'argent suspendue à ma poitrine avec mon ruban vert d'uniforme, et la baisaient affectueusement en donnant de grands signes de piété. Un d'entre eux me demandait l'absolution.

« Mais je ne le puis pas, répondis-je, vous êtes schismatique.

— Moi schismatique! répondit-il; oh! je ne le sais pas; je ne suis pas instruit de toutes ces choses. Tout ce que je sais, c'est que je veux aller à Dieu. Conduisez-moi à lui par la route que vous voudrez; mais que j'aille à lui, que j'aille à lui! »

Un autre de ces malheureux avait une balle tellement engagée dans les intestins, qu'il avait fallu se résigner à le laisser mourir. J'entre dans sa tente, où il s'agitait dans les angoisses d'une agonie indéfinissable. Je lui montre ma croix pectorale, et puis je fais un signe de croix sur lui. Aussitôt il joint les mains, prononce des prières, reçoit de nouveau ma bénédiction, cesse ses cris et ses mouvements de désespoir, et meurt, quelques heures après, dans un calme profond.

Un officier général m'a raconté le trait suivant. Je désire qu'il soit vrai; il est admirable. Un jeune officier de la marine anglaise, tombé entre les mains des Russes à la suite d'une blessure, fut conduit à Odessa. Une dame russe, touchée de l'infortune du jeune homme, voulut l'avoir chez elle. Elle lui prodigua pendant plusieurs jours des soins malheureusement inutiles; le jeune homme mourut. Alors sa bienfaitrice coupa elle-même les beaux cheveux blonds du jeune officier, les fit enchâsser dans un médaillon d'or, et les envoya à la mère désolée avec cette courte inscription : *De la part d'une mère!*

J'ai dit depuis longtemps que j'allais terminer ma lettre et j'écris toujours; c'est que je parle de la France et de ses enfants, et j'ai le cœur ému de tout ce que je vois et de tout ce que j'entends. Je voudrais tout dire, et les bornes d'une lettre ne le permettent pas; je le sens, je lutte contre moi-même pour m'imposer le silence. Je me tairai donc. Cependant laissez-moi vous raconter encore l'admirable fin d'un général français.

C'était le 5 novembre. Les Russes, dans une sortie imprévue, avaient surpris nos avant-postes, et un grand acte de courage seul pouvait nous préserver d'un désastre. M. le général de Lourmel reçoit l'ordre de conduire sa brigade sur le point attaqué. Il s'élance en héros; son costume l'expose à être plus facilement reconnu et tué. Que lui importe! il y va de l'honneur de la France. Le général lance son cheval contre l'ennemi; d'une main il tient les rênes, de l'autre il agite son chapeau aux yeux de ses soldats, et il presse son cheval de l'éperon en criant :

« Mes enfants, nous les tenons! nous les tenons! Courage! en avant! »

Et les soldats se précipitent sur ses pas au même cri. Cependant les Russes sont rentrés dans la ville, et notre honneur est vengé. Le jeune aide de camp du général engage son chef à revenir au camp.

« Mais vous êtes pâle, mon général; qu'y a-t-il?

— Allez dire au colonel, répond le général, de prendre le commandement de la retraite. Pour moi, j'ai vengé notre drapeau, je n'ai plus qu'à mourir.

Depuis un quart d'heure une balle m'a traversé la poitrine. »

Le général fut rapporté chez lui. Avant tout il appela un prêtre pour se préparer à mourir en chrétien, et puis se livra aux médecins. Son domestique lui rapporta son épée en pleurant. Le général la mit sur son lit à côté de lui et consola lui-même son serviteur.

« La blessure est fort grave, me disait le médecin. Cependant, à toute force, elle peut n'être pas mortelle. Le moral est si puissant chez le général, que peut-être il favorisera la guérison. »

Trois jours se passèrent ainsi entre la crainte et l'espoir. Enfin, le troisième jour, le valet de chambre du général et un brigadier de hussards accoururent à ma tente, en criant :

« Vite ! vite ! monsieur l'aumônier, le général se meurt ! »

Je cours et j'arrive au moment où M. l'aumônier de la quatrième division venait de donner la dernière absolution à cette âme de héros. Le lendemain nous célébrâmes un service pour le général frappé au champ d'honneur. Les généraux de l'armée y assistaient. L'un d'eux prononça, en quelques mots parfaitement sentis, l'éloge funèbre du Machabée chrétien. Et puis le corps embaumé fut confié à la mer, sous la garde d'un aide de camp dévoué, pour être rapporté en Bretagne et remis à la famille du général.

Adieu, mon Révérend Père. Je termine enfin. Permettez-moi de rendre un hommage bien senti aux efforts de l'administration. S'il y a ici des souffrances, elle n'en est pas la cause; elle fait, au contraire, l'impossible pour nous venir en aide. J'admire la prévoyance avec laquelle elle va au-devant de tous les besoins. L'histoire racontera certainement comment, à neuf cents lieues de notre pays, pendant une campagne d'hiver, nous avons été *gâtés*, c'est le mot, par une administration attentive et digne des plus grands éloges. Je me plais à le reconnaître hautement, parce que c'est un devoir de justice. De grand cœur je paye et je payerai encore ce tribut de reconnaissance aux hommes intelligents qui prennent soin de nous.

Adieu encore! Priez pour les pèlerins de la terre étrangère. Demandez à Dieu qu'il nous donne force et courage, afin de remplir notre admirable ministère de consolation auprès de notre vaillante armée. Adieu!

SEPTIÈME LETTRE

LE CAMP ET LA VIE DU SOLDAT.

A M. JACQUES DE ***

ENFANT DE SIX ANS.

ARMÉE D'ORIENT.
Devant Sébastopol, 28 janvier 1855.

Mon cher petit, votre maman m'écrit que mon histoire du petit chat des zouaves vous a beaucoup amusé, et que, sans trop vous souvenir de moi, vous demandez quelquefois de mes nouvelles : eh bien, je veux vous en donner moi-même aujourd'hui, et vous dire que si vous ne me connaissez pas bien, en revanche, je vous connais parfaitement, je vous aime beaucoup, et je prie Dieu qu'il fasse de vous, dans le moment présent, un saint enfant, et pour l'avenir un loyal gentilhomme, capable de porter bien haut la croix rouge que vos ancêtres imprimèrent avec leur sang sur leur bouclier d'or.

Vous direz à votre père que je ne lui écris pas à lui-même parce que ce mois-ci n'a été marqué par aucun incident mémorable, à ma connaissance. Les Russes ont fait différentes sorties pour empêcher nos travaux d'avancer. Nos troupes les ont reçues avec la pointe de leurs baïonnettes, et ils commencent à trouver la partie de plaisir fort triste. On prétend qu'un de leurs officiers, chargé de recevoir le cadavre d'un prince tué devant nos tranchées, disait à l'officier français qui lui remettait ce trophée sanglant : « Quel diable de métier nous faisons-là ! Ne vaudrait-il pas mieux que vous preniez la ville tout de suite, puisque vous devez la prendre, et que nous nous quittions bons amis ? » — Au fait, ce serait plus simple ! Les deux armées y gagneraient singulièrement, et on épargnerait bien des dépenses d'hommes et d'argent. Mais cela n'est pas possible, et à mesure que vous grandirez, mon enfant, vous saurez qu'on n'obtient rien sans peine dans ce monde, et que les plus nobles actions sont celles qui coûtent le plus.

Vous voudriez bien connaître, mon cher enfant, ce que nous faisons ici et comment se passent nos journées. Je vais vous l'expliquer de mon mieux.

Toute l'armée, tant anglaise que française et turque, se compose de cent trente mille hommes, dit-on. Nous sommes réunis dans un pays où il n'y a ni arbres, ni maisons, ni jardins, ni cours, ni écuries. Pour nous abriter du vent, de la pluie, de la neige et du froid, nous avons de petites tentes en toile de différentes formes et de diverses grandeurs. Les unes ont à peu près trois mètres de hauteur sur trois mètres de longueur et deux mètres de largeur. Les autres sont toutes rondes ; elles sont hautes de deux mètres et s'en vont en pointe. Un grand bâton placé au milieu les soutient. Pour y entrer, on fait une fente dans l'un des côtés de la toile. Nous nous glissons à travers cette fente, et, afin d'empêcher la pluie et la neige d'y pénétrer avec nous, dès que nous sommes dedans, nous rejoignons la toile avec des courroies en cuir et des boucles. Dans cette tente, les uns ont un petit lit, une petite table, un petit banc de bois pour s'asseoir. D'autres n'ont rien du tout qu'une mauvaise natte de jonc étendue à terre, sur laquelle ils se couchent, s'asseyent et prennent leurs repas. Votre oncle est et sera encore dans la catégorie de ces derniers jusqu'à ce qu'il lui arrive un petit lit de Constantinople.

Le gouvernement nous donne chaque jour pour notre nourriture du riz, du lard, du café, quelquefois de la viande fraîche au lieu de lard, et quelquefois aussi du pain de munition à la place du biscuit réglementaire. Le biscuit est une sorte de galette dure comme du bois, qui vous casserait les dents si vous vouliez en manger; mais nos soldats, plus forts que vous, le croquent avec un admirable appétit. Les gens délicats le détrempent dans l'eau, et quand il est bien mou, ils le font griller. On dit qu'alors il est très-bon, et plusieurs le préfèrent au pain de munition.

Nos cuisines sont de petits trous creusés dans la terre; quelques pierres placées l'une sur l'autre forment la cheminée ; on pose la petite marmite sur ces pierres, on met du feu dessous, et un soldat surveille le pot-au-feu. S'il pleut, la pluie tombe dans la marmite et allonge la sauce; s'il fait du vent, la fumée vient droit à la figure du pauvre soldat marmiton, et lui fait pleurer les yeux en même temps qu'elle lui barbouille le visage en noir. Quelquefois la marmite, mal consolidée, tombe dans le feu, et alors adieu la soupe. On mange son pain tout sec pour ce jour-là.

Vous croyez peut-être que nous avons ici une

grande quantité de boutiques où on peut aller acheter tout ce qu'on veut, comme dans la rue du Bac. Eh bien, vous vous trompez fort. Quelques petits marchands sont bien venus s'établir sur la plage et ont fait des simulacres de boutiques sous des tentes. Mais ils vendent si cher leurs marchandises, que les généraux et les officiers supérieurs peuvent presque seuls les acheter. On ne trouve pas de viande d'abord ni de pain non plus. Il y a du fromage, des bougies, du macaroni, du vin, de l'eau-de-vie, du tabac, et toutes sortes de petites choses de ce genre. Mais la livre de fromage coûte six francs; et on n'a pas une bougie à moins de vingt sous. Jugez du reste.

Or savez-vous ce que font les soldats pendant la journée? je vais vous le dire. Tous les jours, ceux qui ne sont pas employés aux travaux du siége vont bien loin, jusqu'au bord de la mer, où il y a une grande quantité de boulets apportés par les vaisseaux. Ils ont sur l'épaule un sac en toile formant besace. On met un boulet dans chacune des poches de la besace, et les soldats ainsi chargés reviennent au camp. D'autres fois, ils se répandent dans la campagne, et, avec des pioches, ils creusent la terre afin d'y chercher des racines d'arbre. Après une journée de travail, ils rapportent, bien contents, un tout petit fagot sans lequel ils ne pourraient pas faire cuire leur soupe. Souvent il pleut ou il tombe de la neige. Malgré cela, le soldat travaille toujours, et quand il rentre dans sa tente, il ne trouve pas d'habits pour changer et il est obligé de passer la nuit couché par terre avec ses vêtements mouillés. Aussi, bien souvent, le lendemain matin, plusieurs hommes sont hors d'état de se lever; ils ont les pieds et les mains gelés. Alors on les porte à l'ambulance. Leurs pieds deviennent gros, et puis bientôt ils sont tout noirs comme quand on a reçu un coup; la chair tombe par morceaux; les doigts se détachent comme la mèche d'une bougie lorsqu'elle est brûlée. Quelquefois, il faut couper le pied et la main gelés; et bien souvent les pauvres malades meurent de douleur.

Mais ce qui fait encore beaucoup souffrir le soldat, c'est le service de la tranchée. Tous les deux ou trois jours, à tour de rôle, on y envoie quelques régiments. Alors les hommes se réunissent, se mettent en rang et partent. C'est un moment qui produit toujours une vive émotion. Les soldats se regardent et se disent : « Demain, quand nous reviendrons, il y en aura quelques-uns de morts et de blessés. Qui sait si je ne serai pas du nombre? » Et bientôt après l'évènement s'accomplit. On arrive tous ensemble à l'endroit où on doit se glisser dans les parallèles. Les Russes connaissent l'heure. Alors ils lancent des boulets de canon et des obus sur cette masse d'hommes, et souvent ils en tuent. Lorsqu'on est entré dans les tranchées, les officiers mettent chaque homme à son poste. Il faut rester vingt-quatre heures dans ce trou. La pluie et la neige le remplissent souvent. Alors nos pauvres hommes ont les pieds et les jambes dans la boue, et souvent ils tombent malades de fatigue. Mais ce n'est pas assez. Pendant tout le jour et toute la nuit, les Russes lancent des obus dans les tranchées. Ces projectiles tombent avec fracas, ils se brisent, et les morceaux vont frapper les soldats. Celui-ci a un bras cassé, celui-là n'a plus qu'une jambe, la mâchoire de celui-ci est fracassée, tandis que celui-là est frappé en pleine poitrine et vomit tout son sang.

Eh bien, le croiriez-vous, mon enfant, au milieu de tout cela, nos soldats ne sont pas tristes. Ils ont du courage, et, loin de pleurer, le plus souvent ils rient de leurs dangers. Ils ont donné des noms à tous les genres de projectiles que leur envoient les Russes. Ainsi, lorsqu'ils entendent au-dessus de leur tête une bombe ou un obus traverser l'air en faisant *fiou! fiou! fiou!* Ils s'écrient : « Gare la *marmite!* » Et chacun de se jeter par terre et de se cacher de son mieux pour éviter la mort. C'est que les obus sont une sorte de globes creux au milieu desquels il y a de la poudre enflammée. Lorsqu'ils tombent à terre, la poudre fend le globe en plusieurs morceaux, et ces morceaux ainsi brisés ressemblent à un fond de marmite. Les soldats appellent encore les boulets des *négros*, parce qu'ils sont tout noirs. Quand il leur arrive de la mitraille, ils crient : « Voilà des *patates!* » parce que la mitraille est composée d'une foule de boules de fer plus ou moins grosses qui sont lancées toutes à la fois par un seul canon, et tuent souvent plusieurs hommes ensemble. Lorsqu'elles sont par terre, elles font l'effet de pommes de terre répandues dans un champ après qu'on les a déterrées. Enfin on a surnommé les balles de fusil des *mouches*, à cause du bruit qu'elles produisent en sifflant aux oreilles. Voilà comment nos soldats s'habituent à rire de tout. Ils ont raison, et leur conduite est une grande leçon pour vous, mon enfant. Elle prouve qu'un homme ne saurait avoir peur de rien, et qu'il doit toujours faire son devoir, quand même il devrait lui en coûter la vie. Profitez de cet exemple, je vous en prie.

Je voudrais, pour un instant, vous faire traverser un de nos camps au moment du repos. Aux propos joyeux du soldat, à la manière dont il envisage et dépeint sa situation présente, vous ne vous douteriez pas qu'il vient de traverser un hiver rigoureux en pays étranger, et que chaque heure nouvelle le menace d'un nouveau danger. Fait-il beau temps, ce sont des chants, des propos joyeux, des plaisanteries de toute sorte. Je me promenais un jour sur le bord d'une petite baie, non loin de la ville ennemie. Sur l'autre rive, un bataillon de chasseurs était campé. Je m'amusais à entendre le brouhaha et les éclats de rire de tous ces jeunes gens occupés à manger leur soupe au soleil. Tout à coup il prend fantaisie aux Russes de diriger vers nous leurs batteries. Au bruit de l'obus, silence complet ; on n'entendait plus que le sifflement aigu du terrible projectile. A peine était-il tombé, qu'un bruit confus d'éclats de rire et de paroles vivement échangées annonçait la fin du danger. Plusieurs fois la même scène se renouvela. La Providence permit que les obus tombassent entre nous dans la mer sans aucun accident. Les jeunes troupiers en furent quittes pour entremêler leurs propos joyeux de quelques moments de silence ; et moi, je me retirai, tout heureux de cette nouvelle preuve du calme de la valeur française en face du danger.

Savez-vous à qui s'en prennent nos soldats lorsqu'une fâcheuse bourrasque, une tempête, un froid glacial ou une pluie torrentielle essayent de lutter avec leur courage? Ils murmurent, pensez-vous, contre la cruelle nécessité de la guerre, contre les chefs qui les font marcher? Oh! ne leur supposez pas cette méchanceté. En voilà un qui va traduire la pensée commune dans son langage original de troupier. Il vous dira que *saint Nicolas, patron de la Russie, est de garde sans doute pour ce jour-là dans le ciel, que c'est à son tour à présider aux éléments, et qu'il profite du moment pour favoriser les Russes aux dépens des Français.* De grands éclats de rire accueilleront la réflexion du caporal ; et, le soir, si l'excès de la fatigue rend les mines un peu sombres et semble couper la parole aux plus gais, passez dans les rangs et dites-leur : « Courage, mes enfants, dans quelques jours viendra le beau temps!

— Oh! vous avez raison, monsieur l'aumônier, répondront-ils d'une voix commune : *un jour de beau fait oublier quinze jours de mauvais. Il faut donc vivre d'espérance.* »

Et là-dessus chacun reprend les différents incidents de la journée et s'efforce de prouver qu'après tout on n'a pas tant souffert.

En face de la balle ennemie, la crainte du danger est de beaucoup inférieure au désir de faire triompher le drapeau français. Voici deux braves troupiers malades assis derrière ma tente, où ils essayent de se ranimer au soleil Ils causent et ne se doutent pas que je les entends.

« Nous sommes malades, dit l'un d'eux. Cela ne va pas, camarade.

— C'est vrai, répond l'autre éclopé. Tout de même, si le général Canrobert nous disait : « Mes « enfants, *nous aurons demain un coup de chien* : il « faut monter à l'assaut ! » Eh bien, nous trouverions le moyen de le suivre pour montrer aux Russes ce que savent faire même les malades français.

— Tu as raison, camarade, réplique vivement le premier interlocuteur. Quand on aura donné le signal de l'assaut, les popes russes ne diront plus à leurs soldats que les Français ont les mains gelées. Nous jouerons à la *main chaude* ce jour-là. Et chaque empreinte de nos doigts sera la preuve que nous avons le sang bouillant, malgré le froid de cette diable de Russie. »

Cependant on signale l'arrivée d'un convoi de blessés. J'entre dans la salle où l'on vient de déposer ces malheureux. Le premier de la triste caravane est un zouave horriblement mutilé. Il va sans doute se plaindre, car il est facile de faire le brave avant le danger ; mais lorsque la mitraille a frappé, les murmures et les cris succèdent aux bravades. Détrompez-vous. Nos soldats ne sont pas des fanfarons : ce sont de bons et loyaux enfants qui affrontent la mort avec toute la naïveté que leur inspirent l'amour désintéressé de leur pays et le sentiment du devoir.

« Eh bien, mon pauvre zouave, vous avez été bien malheureux dans cette dernière affaire !

— Malheureux! monsieur l'aumônier; mais non. Au contraire, j'ai eu *une chance étonnante*. J'étais dans la tranchée; une bombe arrive qui me brise la jambe. Je tombe par terre ; la bombe éclate et me fracasse l'épaule. J'en suis quitte pour une jambe et un bras coupés, lorsque j'aurais dû mourir sur le coup. *Quelle chance !* »

Il faut avoir vu le calme, le sang-froid et la patience imperturbable avec lesquels nos hommes subissent les opérations les plus terribles, pour se faire une idée juste de leur courage. Aussi, je vous l'assure, lorsque depuis six mois on est l'heureux témoin de ces dispositions héroïques de nos troupes, on se réjouit en pensant que la France n'a pas dégénéré, que son caractère est resté le même, et qu'aujourd'hui, comme toujours, la victoire est assurée au courage de ses enfants.

Ne craignez pas que jamais notre drapeau reste entre les mains des ennemis. Des milliers d'hommes se feraient tuer pour ouvrir le passage à celui qui chercherait à le ressaisir. Dernièrement, une action partielle avait été engagée sous les murs de la ville. On luttait corps à corps, et c'était dans la nuit. Tout à coup le colonel est tombé au pouvoir des Russes.

« Mes enfants, s'écrie-t-il, laisserez-vous votre colonel comme un trophée à l'ennemi ? »

Il n'en faut pas davantage. On se précipite, on tue, on écrase, et le colonel est sauvé. L'affaire était finie. On regagnait le camp, lorsqu'un soldat élève quelques doutes sur la délivrance du colonel. Cela suffit pour rendre des forces aux plus fatigués. Et ces hommes, épuisés par un combat nocturne, veulent retourner sur leurs pas. Et certes ils l'eussent fait ; mais un d'eux les arrête. Il a vu le colonel retourner vers le camp, il l'affirme. Engager une nouvelle action serait donc inutile.

« A la bonne heure! s'écrient les autres tout d'une voix. Si le colonel est sauvé, tout est dit. Mais, tu l'entends, si tu nous as trompés, nous te brûlons la cervelle en arrivant. »

Voilà comment, dans notre armée, on tient à l'honneur!

Pour compléter ma lettre, je devrais vous dire un mot des cimetières, car il y en a plusieurs à la porte de nos camps. Oui, la terre de Crimée recouvre déjà les restes d'un certain nombre de nos braves; et plusieurs fois, en chevauchant, dans l'enfoncement d'une vallée, au détour d'une montagne, nous rencontrons des tombes. Mais la croix les domine, et sur plusieurs de ces croix sont inscrits les traits de dévouement au milieu desquels ont succombé les braves. Aussi la vue de nos cimetières n'offre-t-elle rien de triste. Ces croix et ces inscriptions rappellent au cœur chrétien le bonheur éternel de celui qui a si généreusement donné sa vie pour les siens.

Sur le haut d'un rocher qui domine la mer, un monument s'élève. Il est simple, mais son inscription dit beaucoup : *Premier cimetière catholique con-*

sacré sur la terre de Crimée par un aumônier de la marine française. Sur une des faces de la pyramide se trouvent gravés les noms des marins qui ont succombé dans la première attaque de Sébastopol. Le premier de ces noms rappelle un souvenir touchant. Deux jeunes gens de nobles et riches familles étaient à bord du *Montébello*, le jeune de la Bourdonnaie et le jeune de Fitz-James. Dans un âge bien tendre encore, ils savaient se montrer dignes héritiers du courage de leurs pères. Le feu de la ville semblait inonder le navire ; les deux amis restaient fermes à leur poste. Bientôt un boulet a fracassé la tête d'Arthur de la Bourdonnaie, et les éclats du crâne brisé vont frapper le front de Robert de Fitz-James. Robert donne des larmes à son ami, mais il domine son émotion et reste ferme au poste de l'honneur jusqu'à la fin du combat. En me racontant ce fait, le narrateur ajoutait :

« La mort d'Arthur de la Bourdonnaie a été pleurée par tout l'équipage. »

Ce jeune homme s'était attiré l'estime générale par la manière simple, loyale et courageuse dont son jeune front reflétait la double gloire du chrétien et du gentilhomme.

Adieu, mon enfant. Je ne vous en dirai pas davantage pour aujourd'hui ; ma lettre est assez longue. Puisse-t-elle vous avoir encouragé à suivre le bel exemple de nos soldats et à devenir comme eux courageux et dévoué, *fidèle* à Dieu comme *fort* dans le combat.

Adieu, je vous bénis.

HUITIÈME LETTRE

LES SORTIES NOCTURNES. — MORT DU COMMANDANT COUÉ.

A M. LE COMTE DE ***.

ARMÉE D'ORIENT.
Baie de Kamiesh, 1ᵉʳ mars 1855.

Mon cher ami, je ne suppose pas que vous exigiez de moi le détail circonstancié et pour ainsi dire le journal du siége. Il faudrait pour cela bien des études, que je n'ai pas le temps de faire. Je devrais suivre pas à pas le travail du génie et me faire expliquer une foule de choses par des officiers compétents. Et puis le détail lui-même de nos attaques nocturnes et des sorties des Russes serait monotone. Une vue sommaire d'ensemble vous suffit sans doute, et c'est le seul travail que je me propose de vous offrir.

Depuis deux mois, nous avons eu une foule d'actions partielles. Les nuits sont plus remplies que les jours, et c'est dans l'obscurité que se livrent nos combats.

Le 5 janvier, quatre cents hommes d'élite essayèrent d'enclouer nos canons. Ils vinrent en rampant sur une batterie de gauche et se crurent maîtres du terrain. Mais une vive fusillade engagée par le 46ᵉ de ligne les jeta dans un de ces troubles inexprimables où les fuyards se sauvent en se poussant, en tombant les uns sur les autres, laissant derrière eux leurs morts, qu'ils n'ont pas le temps de ramasser. On leur tua dix-sept hommes.

Dans la nuit du 7 au 8, ils revinrent à la charge. Cette fois ils crurent mieux réussir avec un plus grand nombre d'hommes. Ce fut leur tort. Nos soldats les virent arriver. Ils les laissèrent s'approcher et s'approcher encore, jusqu'à ce qu'ils fussent réunis dans un endroit resserré, où ils étaient beaucoup trop nombreux pour faire une évolution quelconque. Lorsqu'ils furent massés les uns sur les autres, pressés, entassés, écrasés au point de ne pouvoir remuer, une forte secousse les culbuta pêle-mêle, et nos soldats n'eurent plus qu'à *tirer dans le tas*, selon leur expression. La journée qui suivit ne leur fut pas plus heureuse. Du côté d'Inkermann, une de leurs colonnes essaya de traverser la vallée de la Tchernaïa, malgré les Anglais, pour entrer dans Sébastopol et lui porter secours. Mais nos alliés accueillirent la tête de colonne par un feu bien nourri. L'ennemi se replia dans la vallée et s'enfuit avec précipitation.

La nuit du 15 a été moins heureuse. Cette fois, les Russes avaient mieux pris leurs mesures. Le vent était violent et le temps froid. Peut-être nos sentinelles, trop préoccupées de se garantir de la gelée, s'étaient-elles enveloppées de façon à ne pas entendre ; peut-être le vent emportait-il les sons d'un autre côté. Bref, sept de nos hommes furent pris sans résistance par un millier de Russes qui s'avançaient à pas de loup. Les autres, trop peu nombreux, se replièrent sur les batteries. Les Russes les y suivirent d'assez près pour que, dans l'obscurité, on ne pût pas les distinguer des Français qui franchissaient le parapet. Alors amis et ennemis se trouvèrent tout à coup face à face dans nos travaux. Il y eut une de ces luttes de nuit que personne ne peut décrire, parce que personne ne l'a vue. Dans la mêlée, on entendit une première décharge et puis des coups de crosse de fusil, des croisements de baïonnettes, des cris d'hommes qui luttaient corps à corps. Enfin nos hommes eussent évidemment succombé ; ils étaient deux contre six. Heureusement la garde de réserve vint à leur secours. Les Russes s'enfuirent vers leurs remparts. On les poursuivit assez loin, et puis il fallut revenir sous une grêle de boulets vomis par la place. Nous avons eu trente et un hommes tués ou blessés et six prisonniers. Les Russes nous ont abandonné trois cents fusils, trente-sept prisonniers et une soixantaine de morts.

Deux jours ou plutôt deux nuits après, nouvelle attaque. Cette fois, nous fûmes victimes d'un genre de ruse inattendu. Une compagnie de Russes était armée de longues cordes minces et bien tressées. Au bout de ces cordes était une petite balle de plomb. Les ennemis s'avancèrent silencieusement et presque en rampant. Lorsqu'ils furent en face de nos soldats, ils se redressèrent tout à coup, et, lançant leurs cordes avec une rare habileté, ils enlacèrent les jambes, les bras ou la ceinture ou le cou de ceux qu'ils atteignirent et les entraînèrent après eux. Ce genre d'attaque, semblable à celui qu'emploient les Américains pour prendre les chevaux sauvages, jeta quelque perturbation de notre côté. L'affaire s'engagea fort chaudement. Nous perdîmes trois officiers. Les Russes nous laissèrent trente cadavres. Parmi leurs morts était un officier fort distingué, dont le général Osten-Sacken envoya redemander le corps le lendemain.

Du 19 au 20, encore une lutte. On compta parmi nous sept morts et trente-deux blessés. Trois officiers russes, parmi lesquels un prince, restèrent sur le terrain. Et, pour inaugurer le mois de février, une nouvelle affaire s'engagea, qui nous coûta un chef de bataillon du génie, un capitaine du génie, un capitaine du 42ᵉ de ligne, un lieutenant du même régiment, un capitaine de la 2ᵉ compagnie des éclaireurs volontaires d'élite, et un lieutenant de cette compagnie.

Je ne sais si j'oublie de consigner plusieurs sorties considérables. Je ne le pense cependant pas. J'avance rapidement, et ce que je raconte me paraît suffire à votre intérêt. De plus longs détails dépasseraient le cadre tracé pour une correspondance. Je ne citerai plus que l'attaque de la nuit du 22 au 25 février, parce qu'elle prit les proportions d'une sorte d'assaut.

Pour préserver les Anglais d'un excès de fatigue, deux divisions françaises ont été occuper l'extrême droite de l'armée sur les plateaux d'Inkermann. Ce que voyant, les Russes ont imaginé de multiplier leurs moyens de défense. Deux redoutes nouvellement construites augmentent actuellement l'obstacle placé entre nous et la ville, et entravent nos efforts. Le 22 février, l'attaque de ces redoutes fut décidée. Mille zouaves et cinq cents hommes de l'infanterie de marine étaient désignés pour cet objet. Le colonel Cler commandait les zouaves, et le général Monet dirigeait l'expédition. Les Russes se tenaient sur leur garde. Des lampes réflecteurs avaient été soigneusement disposées, de sorte qu'à un moment donné l'ennemi pouvait les démasquer et jeter sur notre marche une lumière funeste. On laissa notre colonne de droite s'engager dans un petit défilé soigneusement gardé, et lorsqu'elle fut bien avancée, tout à coup une grêle de projectiles l'assaillit sur les deux flancs et sur le front. Bientôt, une autre colonne venant à son secours, la place fut balayée et la voie resta libre. On avança ; mais, à peine quelques pas faits, l'ennemi se présenta en face, et un terrible combat s'engagea dans le silence, à coups de baïonnettes et de crosses de fusil. Trois officiers blessés soutinrent le choc avec une énergie digne d'éloges. Cependant le général Monet, atteint par cinq coups de feu et les mains mutilées, refuse de prendre un repos mérité et s'élance vers les retranchements en criant : « Suivez-moi ! » Entraînés par un si noble exemple, nos hommes se précipitent comme des lions. Les Russes les attendent de pied ferme. Mais nous étions trop inférieurs en nombre. Pour vaincre, il eût fallu une réserve de troupes fraîches prête à soutenir les zouaves, et nous ne l'avions pas. Une seule chose restait à faire, défendre chèrement sa vie. C'est ce qu'on fit. Une foule de batteries russes tiraient de droite et de gauche sur le point attaqué. Beaucoup de soldats, un grand nombre de sous-officiers, deux adjudants et sept officiers succombèrent Alors le colonel Cler ordonna à ses hommes de descendre dans le fossé et de se mettre à l'abri derrière une grande quantité de gabions. On se figure l'émotion de ces vieux zouaves aguerris, vaincus par le nombre et non par le courage, obligés de suspendre tout à coup leur attaque et d'attendre dans un morne silence la vie ou la mort. Au loin ils apercevaient les montagnes couvertes de neige éclairées par des feux de signaux; sur leur tête grondait la mitraille; à quelques pas d'eux, derrière un petit monceau de terre, l'ennemi furieux ; devant eux sans doute le chemin était ouvert, mais une affreuse mitraille devait les poursuivre et leur faire mordre la poussière. Pendant un moment ils restèrent immobiles, et les feux de l'ennemi, cessant de les atteindre, allèrent foudroyer les Russes dans leurs retranchements, qu'on supposait pleins de Français. Les cloches de la ville sonnaient le tocsin. Chacun se crut arrivé à son heure dernière. Le colonel cependant ne voulait accepter de quartier ni pour lui ni pour les siens. Vaincre était impossible, se rendre lui paraissait indigne. Or, pour échapper à l'ennemi, il fallait faire une trouée dans ses rangs pressés. Le colonel prit ce parti. Il s'élance en donnant un ordre. Sa petite troupe le suit. Un capitaine et un lieutenant succombent dans l'action ; mais le colonel et la plupart des hommes passent à travers la nuée de projectiles ennemis. Ils sont sauvés.

Par ce détail, vous avez une idée, mon cher ami, des nuits de l'armée française. Ce sont des soirées brillantes assurément. Mais ni les lustres étincelants, ni la musique, ni les buffets chargés de bonnes choses, ni les toilettes, n'en font l'éclat. On s'y bat, on s'y crosse, *on s'y donne enfin d'affreux coups de tampons*, pour me servir des expressions pittoresques du troupier. Mais, ce qui est mieux, on s'y couvre de gloire, on sert son pays, et on meurt en héros chrétien.

Je ne veux pas allonger ces récits; vous le voyez, ils n'ont qu'une importance relative. Les efforts des Russes se comprennent. Dans l'impossibilité d'empêcher la chute de leur citadelle, ils cherchent à la retarder le plus possible; c'est la condition de la guerre. Ne nous étonnons pas. Dieu fera le jour de notre triomphe comme il fait nos nuits sanglantes. Que sa volonté soit faite!

Puisque j'en ai le temps, je veux terminer cette lettre par le récit des derniers moments du commandant Coué, blessé à la bataille d'Inkermann. Le P. Gloriot m'a permis de les copier. Je les transcris à votre intention. Ils vous édifieront. Écoutez le récit du Père.

« A l'époque de mon retour à Constantinople, le commandant était en pleine convalescence; la plaie de son bras était presque entièrement cicatrisée. Ses forces, épuisées par l'opération qu'il avait subie et par la maladie qui en avait été la suite, semblaient lui revenir tous les jours, et tout annonçait un retour complet et prompt à la santé.

« J'avais occasion de le voir fréquemment, bien qu'il n'habitât plus l'hôpital de Péra. Au témoignage de tous les médecins, il était en état de supporter la traversée, et toutes les fois que je le rencontrais, je le pressais de partir et de fuir le foyer de la contagion, formé ici par le grand nombre des malades.

« La semaine dernière, je lui avais rendu une visite pendant laquelle il m'avait paru plus fort que jamais; quelques heures après cette visite, il ressentit un léger frisson, puis un embarras de poitrine. Les médecins crurent d'abord à une pleurésie; mais on ne tarda pas à reconnaître que la plaie s'était rouverte, et qu'il s'était établi une suppuration à l'intérieur sur la poitrine.

« Je fus prévenu de cet accident; mais j'étais tellement occupé auprès des nombreux convois de malades qui arrivaient de Crimée, qu'il me fut impossible de me rendre auprès du commandant. J'étais, du reste, parfaitement rassuré, sur la parole du médecin en chef de l'armée, que j'avais rencontré et qui m'avait dit que la maladie ne présentait aucun danger pour le moment; lorsque, mercredi dernier, à neuf heures du soir, le domestique du commandant arrive en toute hâte dans ma chambre et me dit d'une voix émue : « Monsieur l'aumônier, « venez voir le commandant, il est bien mal, il vous « réclame. » Il était tard, le temps affreux, la distance considérable. Le commandant Coué, sur son lit de douleur, calculait toutes ces difficultés et disait à la sœur qui veillait près de lui : « Je suis désolé de déranger M. l'aumônier à cette heure ; « mais je crains de ne pas passer la nuit, et je ne « voudrais pas mourir avant de me réconcilier avec « Dieu. »

« Lorsque j'entrai dans la chambre du malade, je fus frappé de la décomposition de ses traits. Je conclus dès lors qu'il n'y avait plus d'espoir de le rappeler à la vie. Il tenait dans sa main gauche, la seule qui lui restât après l'amputation du bras droit, un crucifix que la sœur lui avait donné.

« J'en pris occasion pour l'engager à supporter patiemment ses peines, à l'exemple de Jésus-Christ crucifié. « Oh! monsieur l'aumônier, répondit-il, « ce crucifix est mon unique consolation !... » Pendant plusieurs jours qui suivirent, il avait constamment ce crucifix dans sa main et sur sa poitrine.

« Le général Larchey, l'intendant général, M. Benedetti, chargé d'affaires de France, M. Lévi, médecin en chef de l'armée, vinrent le visiter successivement. Tous remarquèrent ce crucifix auquel le commandant paraissait tenir si fort, et tous furent singulièrement édifiés.

« Je n'eus pas de peine à déterminer ce cher malade à se confesser. Cette confession fut longue, bien que je fisse tous mes efforts pour l'abréger, à cause de l'état de faiblesse où il se trouvait; mais il voulait, disait-il, n'avoir rien à se reprocher dans un acte aussi important. Lorsque j'entrai dans sa chambre pour lui administrer le saint viatique, il se découvrit la tête et commença à réciter quelques prières à voix basse. Il reçut le Saint des saints et l'extrême-onction avec des sentiments de foi et de piété qui édifièrent beaucoup toutes les personnes qui assistaient à cette cérémonie.

« Au moment où je le quittai pour retourner à l'hôpital, je lui dis :

« Vous voilà bien content, mon commandant?

« — Ah! monsieur l'abbé, me répondit-il d'une
« voix émue; oui, je suis content; je n'ai jamais
« été si heureux de ma vie... Je mourrais sans au-
« cun regret si je ne laissais après moi une femme
« et deux enfants en bas âge... »

« Puis, me serrant vivement la main, il ajouta :

« Je vous remercie bien d'être venu; si je ne vous
« avais pas vu ce soir, je crois que je serais mort
« par la crainte de mourir avant d'avoir reçu les
« sacrements de l'Église. »

« Pendant tout le reste de la nuit, il exprima les mêmes sentiments de foi et de piété à la sœur qui le veillait, et pria presque continuellement.

« La veille de sa mort, une sœur, après avoir prié quelques instants auprès de son lit, lui disait :

« Priez bien la sainte Vierge et sainte Anne, la
« patronne des Bretons, afin qu'elles vous obtien-
« nent la grâce de votre guérison.

« — Oui, répondit-il, sainte Anne, c'est la mère
« de la mère des pauvres affligés... Je la prie d'in-
« tercéder pour moi, afin que je sois rendu à ma
« femme et à mes chers enfants... »

« Un jeune chef de bataillon, M. de Cornulier, de Nantes, qui se trouvait dans le même hôpital, lui avait envoyé de l'eau de la Salette; il en but avec confiance, en se résignant à la volonté de Dieu.

« Samedi, vers trois heures de l'après-midi, le général Larchey entrait dans sa chambre pour lui annoncer qu'il venait d'être nommé lieutenant-colonel. Cette nomination, attendue avec tant d'impatience, parut lui faire le plus vif plaisir.

« C'est bien tard pour moi, répondit-il ; mais je suis
« reconnaissant au gouvernement d'avoir pensé
« à moi, et surtout à ma veuve et à mes enfants. »

« Enfin dimanche, vers midi, je fus savoir de ses

nouvelles, il me reconnut parfaitement. Je lui fis compliment sur sa promotion, lui adressai quelques paroles d'encouragement et me retirai. Il n'y avait pas cinq minutes que je l'avais quitté, lorsque son domestique accourut en toute hâte nous annoncer qu'il se mourait. J'eus le temps de lui donner une dernière absolution, et pendant que je récitais les prières des agonisants, il rendit le dernier soupir.

« Aujourd'hui ont eu lieu les obsèques du commandant Coué. Le général Larchey a prononcé sur sa tombe l'éloge de ses vertus militaires. Hier, dans une assemblée nombreuse de soldats et d'officiers de tous grades, j'ai parlé des sentiments religieux qu'il avait manifestés dans sa dernière maladie ; mes paroles ont été accueillies avec la plus vive émotion, et j'ai vu bien des larmes couler autour de moi. »

Ici se termine le récit du P. Gloriot. Ce sera, si vous le voulez bien, mon ami, le terme des miens pour ce soir. En lisant ces faits, on est tenté, n'est-ce pas? de s'écrier : « Gloire à Dieu, qui inspire de si généreux sentiments! Gloire à la France, dont les enfants sont les fils chéris de Dieu! Gloire à notre armée, dont les chefs comme les soldats cueillent en mourant la double palme de l'immortalité! Quant à nous, soyons doublement fiers de nos compatriotes, et disons pour nous-mêmes et pour les nôtres : *Moriatur anima nostra morte justorum!* Adieu.

NEUVIÈME LETTRE

TRANSPORT DES BLESSÉS A CONSTANTINOPLE.

AU DIRECTEUR DES PRÉCIS HISTORIQUES, A BRUXELLES

ARMÉE D'ORIENT.
Constantinople, le 5 mars 1855.

Mon Révérend Père,

Je vous ai parlé des dispositions morales de notre armée ; j'ai répondu à quelques autres de vos questions ; il me semble que vous me demandez quelque chose de plus. Vous voudriez assurément savoir la manière dont sont traités nos malades et nos blessés ; et même vous devez être impatient de connaître des détails à cet égard. Je veux aujourd'hui vous satisfaire. Sans nul doute, cette lettre vous sera agréable ; comment, en effet, ne pas s'intéresser au sort de ces hommes qui, après avoir généreusement quitté leur famille et leur patrie, tombent victimes de la maladie ou de la mitraille ennemie? Il faudrait avoir le cœur bien dur pour agir de la sorte ; et, je n'en doute pas, les pères et les mères ne sont pas les seuls à attendre avidement le récit des soins qu'on donne à ceux qui exposent leur vie avec une abnégation si sublime.

Eh bien, je suis heureux de le dire en commençant, l'administration fait des efforts inouïs pour améliorer la situation de la partie souffrante de l'armée. Les ordres sont positifs à cet égard. On ne recule devant aucune dépense, et la marine comme l'armée de terre sont toujours prêtes à se dévouer pour le soulagement des malades. Dans chaque division sont organisées des ambulances pour recevoir les blessés ou les fiévreux dès le début de la maladie. Pendant cet hiver, de simples tentes dressées à côté les unes des autres avec des nattes étendues à terre étaient l'abri destiné aux malades. Aujourd'hui les tentes sont presque entièrement remplacées par des baraques arrivées de France. On y est infiniment mieux, et surtout on n'y repose plus sur la terre ; l'humidité du sol est arrêtée par un fort plancher. Des médecins distingués prodiguent jour et nuit leurs soins aux infirmes et rendent à l'armée des services qui, pour être plus modestes en apparence, n'en sont pas moins d'une utilité inappréciable.

Ce n'est point assez cependant; ces hôpitaux volants ne suffiraient probablement pas aux besoins, s'ils étaient l'unique refuge de la souffrance. Il y a des maladies longues et des amputations cruelles qui exigent des soins prolongés. Le traitement de certaines infirmités demande un calme difficile à trouver dans un camp. Aussi de nombreux hôpitaux ont-ils été fondés à Constantinople. Je ne les connais pas tous; mais, à en juger par ceux que j'ai vus, ils rivalisent bien certainement avec nos hospices de France L'hôpital militaire de Péra, en particulier, est d'une magnificence remarquable. Il est placé sur la hauteur et domine le Bosphore. Son architecture est noble et ses proportions sont immenses. C'est un quadrilatère dont la cour intérieure est entourée à chaque étage d'un large cloître vitré. Les salles ont de neuf à dix mètres de hauteur, et les fenêtres sont grandes et multipliées. Or il faut que je vous raconte comment se fait le transport des malades de Sébastopol à Constantinople. L'histoire en est intéressante.

Au jour fixé pour le départ, un nombreux troupeau de mulets stationne dès le matin autour de l'ambulance ; sur chaque mulet est un bât fort industrieusement organisé. De chaque côté du bât sont adaptés de petits siéges sur lesquels on assoit les moins malades, ou bien de petits lits en fer dans lesquels on étend les amputés ou ceux encore que la violence du mal empêche de se tenir assis. Le triste chargement une fois opéré, des hommes valides viennent prendre successivement la bride des mulets, et on se met en marche. Il y a quelque chose de touchant à voir cette longue file d'hommes, jeunes encore, aux traits altérés par la souffrance, enveloppés dans leur couverture et cheminant à pas lents à travers la campagne aride et nue sur laquelle nous sommes campés. Quelquefois de tristes épisodes rendent cette marche horriblement pénible. Autant que possible, on choisit de beaux jours pour organiser les caravanes. Mais, ici, le temps est changeant; et, au moment où on s'y attend le moins, une affreuse bourrasque vient assaillir le convoi. La neige tombe, et le vent la fait tourbillonner avec une sorte de fureur. Alors le froid et l'humidité gagnent nos pauvres malades, et si la tempête continue, leurs souffrances deviennent bien dures. Arrivés sur le port, ils n'ont même pas le moyen de parvenir jusqu'au vaisseau préparé pour les recevoir. La mer est trop forte, et l'embarquement serait dangereux. Alors on les dépose sous des tentes dressées sur le rivage; on les enveloppe de couvertures, et chacun s'efforce de leur faire oublier par de bons soins la mauvaise fortune de la matinée.

Un jour qu'au milieu des tourbillons d'une neige glaciale j'aidais les infirmiers de Kamiesh à descendre un malade de dessus sa litière, le naïf troupier me regarde, et, reconnaissant un prêtre :

« Tiens, dit-il, les aumôniers sont donc bons à tout ! »

Cette saillie originale m'amusa, et je me promis de vous la rapporter.

Une autre fois, je descendais de dessus sa litière un jeune sergent transi de froid. Il avait à peine l'usage de ses membres, et il était tellement enveloppé dans son capuchon qu'il ne voyait rien de ce qui se passait autour de lui. Il se laissait faire comme un homme mort. Je l'étendis sous la tente, je le frottai et le réchauffai de mon mieux. Enfin il sortit de sa torpeur, et de dessous ses couvertures j'entendis partir cette exclamation :

« Oh ! qui est-ce qui me soigne ? C'est sans doute un prêtre. Dites-moi, êtes-vous prêtre ?

Et, sur ma réponse affirmative, il continua :

« Oh ! qu'on est heureux de trouver un prêtre lorsqu'on souffre ! Je m'en moquais lorsque j'étais bien portant ; mais, aujourd'hui, sur la terre étrangère, dans ce moment d'angoisse, il me semble que j'ai retrouvé mon pays et les soins de ma famille en tombant entre les mains d'un prêtre ! »

Je ne veux pas m'arrêter à des faits particuliers ; continuons notre marche. Aussi bien les mauvais jours ne sont pas nombreux ; et lors même qu'ils l'eussent été pendant l'hiver, nous touchons à la belle saison, et bientôt, j'espère, nous jouirons du beau soleil que nous avons trouvé ici en arrivant, il y a six mois. Les malades sont placés sur de grandes barques appelées *chalands*. Une chaloupe les a remorquées. Des matelots intelligents sont descendus dans le *chaland*. Ils ont pris les blessés un à un, et les ont hissés avec précaution sur le navire.

Et si maintenant vous descendez dans les batteries de devant et de derrière du bâtiment, vous verrez une infirmerie flottante improvisée comme par enchantement. Les plus malades sont sur des lits. Les moins souffrants sont étendus à terre sur des paillasses ou des matelas. Les officiers trouvent un lit dans des cabines à part. Levez l'ancre, matelots charitables, sortons de la baie. Trente ou quarante heures suffisent pour traverser la mer Noire. Et puis nous verrons les côtes de l'Europe et celles de l'Asie; et nous glisserons légèrement entre elles, à travers les magnificences du Bosphore, et nous nous reposerons doucement au milieu des soins empressés des médecins habiles et des bonnes sœurs de la Charité.

Pendant la traversée, les médecins du bord font régulièrement la visite des malades, et toutes les précautions sont prises pour que rien ne manque en fait de soulagements à la souffrance. Si tous les bâtiments sont organisés comme le *Christophe-Colomb*, qui vient de me transporter à Constantinople avec un convoi de trois cents malades, il est difficile de demander plus de dévouement aux hommes qui composent les équipages de la marine impériale, depuis les commandants jusqu'aux simples mousses. En parcourant les rangs pressés de nos pauvres malades, je rencontrais sans doute l'expression de la souffrance; mais aussi, je veux le dire à l'honneur de notre marine, je voyais sur les physionomies et je retrouvais sur toutes les lèvres l'expression tout aussi bien sentie de la reconnaissance.

J'ai pu constater avec bonheur que le soulagement des douleurs physiques n'était pas le seul but des soins prodigués aux malades. Dès la première nuit, le médecin en chef vint frapper à la porte de ma cabine, et voulut me conduire lui-même au chevet d'un homme dont la maladie faisait craindre une mort prochaine. Le lendemain matin, il eut la bonté de venir me rendre compte de l'état des malades, m'indiquant les plus souffrants et me facilitant ainsi l'exercice de mon ministère. A son exemple, les aides-majors et les infirmiers se montrèrent animés des sentiments les plus élevés, et mirent leurs soins à ne pas laisser un seul homme privé des consolations d'en haut. Plusieurs fois, dans la journée et dans la nuit, j'entendis de petits matelots frapper à ma porte en me criant :

« Monsieur l'aumônier, il y a un homme qui souffre bien. Venez le voir, s'il vous plaît... »

Je sortais et je les suivais auprès du malade. Si je le trouvais assez mal pour recevoir l'extrême-onction, je voyais aussitôt mes petits matelots ôter leur chapeau, se composer religieusement et suivre avec intérêt les cérémonies de l'administration du sacrement. Honneur au vaisseau qui est si parfaitement commandé ! Honneur aussi à l'équipage qui obéit si bien aux inspirations du chef !

La mer Noire n'est pas aussi mauvaise que les anciens poëtes ont bien voulu la faire, et, je l'ai du moins entendu dire à plusieurs marins distingués, sa navigation n'offre pas de terribles difficultés. Aussi, bien souvent, le trajet de Kamiesh à Constantinople se fait sans peine, et les malades n'en sont point incommodés. Mais, à certains jours exceptionnels, quelques-uns de nos convois ont cruellement souffert. Voici venir un nuage qui porte dans ses flancs la tempête. Le vent mugit dans les cordages. Les flots de la mer se soulèvent. La neige tombe : elle s'attache aux cordages ; elle se gèle alentour, et bientôt les câbles se roidiront et seront si couverts de glace qu'ils doubleront de volume. Impossible de rester sur le pont : que tous les malades descendent dans les batteries. Et puis, fermez les sabords, de peur que la mer n'entre par les ouvertures et n'inonde le faux pont. Oh! alors! quel triste spectacle! voyez comme il fait sombre dans ces batteries ainsi fermées ; le jour y pénètre à peine. On entend les craquements du navire. Les malades ont de la peine à se tenir à leur place. Ils sont jetés les uns sur les autres par le mouvement des flots. Le mal de mer se joint à la dyssenterie pour les torturer. Le plancher sur lequel ils se roulent pêle-mêle est couvert de déjections repoussantes ; l'odeur devient insupportable. Oh! que revienne bien vite un rayon bienfaisant du soleil! Il nous faut du calme pour réparer tant d'infortunes. Grâce à Dieu, voilà le soleil; ou bien on aperçoit le phare d'Europe ou celui d'Asie qui nous annonce l'approche de la terre. La mer Noire, en effet, a cela de remarquable que, si les tempêtes s'y forment facilement, elles se calment avec la même rapidité, et la plus grande tranquillité succède à l'ouragan. Au surplus, la traversée n'est pas longue, et, la tempête voulût-elle se montrer obstinée, la vapeur trouverait bien le moyen de la dominer et pousserait, malgré vent et marée, les navires au rivage.

De temps en temps, les malades succombent pendant la traversée. Il le faut bien; malgré les efforts d'un gouvernement prévoyant, malgré l'habileté des médecins, en dépit même du dévouement des commandants de navire et de leur équipage, la mort choisit partout ses victimes. Alors on attend le soir, pour ne pas ajouter à la souffrance des malades par un spectacle attristant. Et puis, lorsque la nuit est venue, lorsque tout est calme dans cette population flottante, on procède à la cérémonie de l'enterrement. Il y a quelque chose de solennel dans cette action pleine d'enseignements. Un prêtre est sur le tillac. Quelques matelots apportent et déposent à ses pieds les restes de ce qui fut un homme. Le cadavre est enveloppé d'un linceul blanc. A peine si la lueur scintillante des étoiles permet de distinguer les mouvements qui s'opèrent. Le vaisseau marche toujours. Le bruit des roues et celui de la machine se font entendre d'une manière monotone. Les matelots placés aux quatre coins du navire viennent d'annoncer la première heure de la nuit par le salut accoutumé : Bon quart devant, bon quart derrière, bon quart tribord, bon quart bâbord ! — Le prêtre prononce les dernières prières. Il demande à Dieu de traiter avec indulgence l'âme qui vient de paraître à son tribunal; il fait des vœux pour que le jugement lui soit favorable, et puis il bénit le corps du défunt dans l'espérance de la résurrection future; il bénit la mer qui lui doit servir de sépulture ; enfin il se résume dans cette parole dernière, si expressive dans sa brièveté : Amen ! ainsi soit-il. O mon Dieu ! et le cadavre glisse sur la planche. Il a atteint la mer, et une pierre attachée à ses pieds l'emporte au fond du gouffre. Ah ! si la religion ne faisait pas briller sur des scènes si terribles le rayon de la sublime espérance, on aurait le cœur bien gros et l'âme horriblement navrée. Voir ainsi disparaître dans les flots, si loin de son pays, un jeune homme destiné peut-être à de bien longs jours sans les nécessités de la guerre ; et songer à son père, à sa mère, à ses frères et à ses sœurs qui font des vœux pour lui et qui ne peuvent pas se lasser d'appeler son retour ! N'est-ce pas qu'en dehors de l'élément religieux le désespoir saisirait le cœur des témoins de ces catastrophes? Mais avec la religion tout change. Et lorsque je vois nos jeunes soldats mourir dans des sentiments aussi chrétiens entre les bras de la religion, après avoir reçu par la main du prêtre le pardon de leurs fautes, je ne puis m'empêcher de m'écrier : « Bienheureux enfants qui sont venus cueillir sur la terre lointaine la palme du martyre! Heureuses familles qui aperçoivent un de leurs membres entrer dans le repos éternel sans nul souci pour l'avenir, puisque l'avenir c'est le bonheur assuré par la parole de Dieu! Bienheureuse France qui, en défendant noblement son drapeau et la cause de la civilisation, voit ses enfants courir à une double gloire, celle du temps et celle de l'éternité! »

En effet, j'en ai l'intime conviction, la plupart de nos soldats meurent en vrais chrétiens, et trouvent au delà du tombeau une vie meilleure que celle dont ils sont obligés de faire l'abandon. Eux-mêmes ont l'air d'en être persuadés. A voir la tranquillité avec laquelle ils apprennent la nouvelle de leur mort prochaine, la naïveté avec laquelle ils font l'aveu de leurs fautes et leur joie en recevant les derniers sacrements, on ne saurait douter de leur foi et de la certitude de leur espérance. Ceci s'explique du reste; et, je m'en souviens, au moment de mon départ, un cardinal distingué, que je vénère, me le prédisait d'avance.

« Comment voulez-vous, mon Père, me disait-il, que nos pauvres soldats n'arrivent pas au salut? Est-ce qu'à tous les instants du jour et de la nuit ils ne sont pas dans l'exercice continuel de la charité? Ils supportent le poids du jour et de la chaleur, ou bien la rigueur de la saison froide, avec des souffrances bien plus grandes que le reste de leurs compatriotes. Journellement ils s'exposent au feu de l'ennemi ; et si une balle meurtrière ne les atteint pas, ils amassent une sorte de trésor de douleurs et d'infirmités, qui feront souffrir à leur vieillesse un martyre plus long, et, par conséquent, plus cruel que celui de la mort causée par un boulet. Or toutes ces épreuves, toutes ces douleurs, ils les supportent; cette mort, ils l'acceptent pour le salut de leurs frères. N'est-ce pas la pierre de touche de la charité ? Notre-Seigneur n'en a pas voulu d'autres preuves pour lui-même : *Majorem caritatem nemo habet, ut animam suam ponat quis pro amicis suis.* »

Je vous l'assure, en présence des dispositions de nos soldats et de leur confiance en Dieu, on ne comprendrait pas que l'armée française ne fût pas une armée de héros. Il ne faut pas nous juger par ce qu'on a pu voir dans certaines garnisons de France. Au temps de la paix, dans une bonne caserne, le soldat devient buveur et souvent insolent. Malheureusement trop de jeunes officiers, qui vont chercher un délassement à leur oisiveté dans les cafés, les théâtres et d'autres lieux encore, donnent l'exemple du libertinage. Alors les passions d'un côté et le respect humain de l'autre produisent je ne sais quels airs antireligieux qui dégradent la physionomie de notre armée. Ici, il n'en est point ainsi. La communauté de souffrances et la présence continuelle du danger réunissent les cœurs et exercent une influence puissante sur les consciences. Les passions sont plus calmes, et les idées de la raison et de la foi reprennent leur empire. L'éloignement de la famille la fait apprécier davantage, et avec l'idée de la famille, celle de la religion redevient plus vivante. Comment, en effet, concevoir la famille sans la religion? La foi transforme immédiatement un repaire de lions et de lionceaux en un sanctuaire où Dieu domine, où le père est le prêtre, où la mère est l'ange tutélaire revêtu de la beauté du plus sublime dévouement, où les enfants enfin sont le peuple fidèle destiné à devenir un jour habitants de la céleste Jérusalem. Oh! oui, la voix de Dieu est bien puissante dans le cœur de nos soldats de Crimée! La preuve en est dans leur conduite journalière vis-à-vis de la religion, de ses sacrements et de ses prêtres.

On s'est conduit sagement dans l'institution de l'aumônerie; on a voulu ménager les consolations religieuses à ceux qui les demanderaient, mais on n'a voulu, en aucune façon, forcer les consciences. La plus grande liberté existe pour tout le monde, de notoriété publique. Eh bien, le grand nombre se montre sensible à cette attention, et dans beaucoup il y a même de l'empressement pour tout ce qui rappelle les usages religieux. Hier, j'ai pu en juger par moi-même dans une circonstance tout à fait libre. A l'hôpital de Péra, chaque dimanche, la messe se dit à neuf heures, et, le soir, vers six heures, il y a une instruction avant la bénédiction du saint sacrement. Le clairon annonce ces deux exercices, et les volontaires s'y rendent selon leur fantaisie. Je ne vous dirai pas la satisfaction que j'ai éprouvée, lorsque, du haut des marches de l'autel d'où je devais parler, j'ai vu la chapelle se remplir d'une foule de malades, parmi lesquels les officiers se trouvaient confondus avec les soldats. Les uns étaient appuyés sur le bras d'un ami charitable, les autres marchaient avec des béquilles. C'était bien touchant! Aussi avec quel bonheur j'ai épanché mon âme devant ces volontaires de la religion! Comme ils m'écoutaient avec respect et comme nous faisions ensemble un de ces échanges de sentiments chrétiens qui ne se traduisent pas en paroles, mais que tous les cœurs bien nés savent comprendre!

On m'a raconté que la nuit de Noël avait été témoin d'une scène autrement émouvante. Un grand nombre de malades avaient demandé et obtenu de l'autorité la permission d'avoir une messe de minuit. Or ces hommes n'avaient pas voulu seulement assister à la messe : ils avaient désiré prendre une part plus intime au sacrifice en se préparant à la communion.

« Rien n'était beau, me disait un témoin oculaire,

comme de voir, sur la fin de la messe, l'aumônier distribuer le pain eucharistique, d'abord à ceux qui avaient pu se traîner au pied de l'autel, ensuite aux amputés et autres blessés qui étaient retenus sur leur banc, et que le Dieu des malades allait visiter lui-même. »

Espérons-le, mon Révérend Père, le passage des enfants de la France à travers les populations musulmanes ne laissera pas une moins bonne impression que celui de leurs devanciers. Le nom de Franc redeviendra populaire en Orient, et cette popularité sera d'autant plus solide qu'elle reposera sur l'estime de la vertu.

Je ne vous en dirai pas davantage pour aujourd'hui. Aussi bien le temps me presse. Je suis arrivé jeudi de la Crimée avec un convoi de malades. Je repars demain pour retourner à mon poste. Je vous dis adieu, presque au moment de le dire à Constantinople. Dieu veuille que mon récit intéresse vos lecteurs et tous ceux qui portent un si juste intérêt à notre vaillante armée. Vous y verrez, j'espère, que si la confiance en Dieu doit nous donner de l'assurance pour le succès de notre cause, les moyens humains ne sont pas non plus négligés. Nous avons des malades, et quelle agglomération d'hommes n'en a pas? Nous avons des blessés, peut-on faire la guerre sans cela? Si nous courons des dangers, c'est bien le cas de répéter cette parole fameuse : « A vaincre sans péril on triomphe sans gloire. » Enfin, disons-le, s'il y a des souffrances, le général en chef veille sur nous, et la France se joint à lui pour adoucir les douleurs. Avec ces conditions, avec le moral de nos troupes et l'habileté de ceux qui sont à la tête, la victoire n'est-elle pas certaine? Adieu.

DIXIÈME LETTRE

EUPATORIA.

A MADEMOISELLE MARIE DE ***,
AGÉE DE HUIT ANS.

ARMÉE D'ORIENT.
De la baie de Kamiesh, 10 mars 1855.

C'est vous, ma chère enfant, qui donnerez aujourd'hui à votre père des nouvelles de la guerre. Je vous dois une réponse pour votre petite lettre si gentille. Je ne veux pas vous la faire attendre plus longtemps.

Je n'ai plus rien à vous raconter sur les Français dans ce moment-ci. Mais il y a un peu au-dessus de Sébastopol une petite ville qu'on appelle Eupatoria. Elle est laide, sale et de fort peu d'importance en elle-même. D'un côté, ses murs sont baignés par la mer. De l'autre, elle est entourée de lacs salés et de plaines sablonneuses. Elle renferme une population de huit à neuf mille habitants, Tartares, Grecs et Juifs caraïtes. Ces hommes sont pauvres Ils vivent du commerce des bestiaux et des peaux d'agneaux, connues sous le nom de *moutons d'Astrakan*. Ils sont tellement malpropres, que leur ville est un marais ; et, pour traverser les rues de leur capitale, il faut, si on ne veut pas se mettre dans la boue jusqu'aux yeux, sauter d'une pierre à l'autre, comme lorsqu'on franchit certains ruisseaux de nos campagnes de France. C'est de cette ville que je veux vous parler.

Assurément ni la beauté du site ni les charmes de la société tartare n'y ont attiré les alliés ; mais sa position parut importante à nos généraux. De là on pouvait entraver le passage des troupes russes par l'isthme de Pérécop, et menacer leurs réserves campées à Simphéropol et à Batchi-Séraï. Alors on résolut de la faire occuper par dix-neuf bataillons de l'armée turque. Cependant il fallait un tuteur à ces grands enfants ; et M. Osmont, chef de bataillon plein de cœur et de tact, fut désigné pour remplir les fonctions de commandant supérieur de la place. On lui adjoignit M. le capitaine d'Absac, officier d'état-major qui porte noblement un nom connu, et M. le capitaine de génie Fervel, chargé de diriger les travaux de défense. Deux compagnies du 56ᵉ de ligne et deux compagnies d'infanterie de marine furent mises à la disposition de ces messieurs. Aussitôt on commença les ouvrages de fortification, et on se prépara à se défendre contre les Russes.

A peine les Tartares, répandus dans la campagne, connurent-ils la présence des Français à Eupatoria, qu'on les vit accourir de tous les points, afin de se mettre sous notre protection. Ces pauvres gens craignent les Russes comme vous auriez peur du démon. Depuis soixante ans ils sont sous leur domination, et ils n'en ont reçu que de mauvais traitements. La guerre a fait empirer leur triste position. Les armées russes détruisent leurs pâturages, leur enlèvent leurs bœufs et leurs moutons, les forcent à transporter leurs provisions dans leurs charrettes ; et, pour toute récompense, les chefs leur donnent des coups de bâton ; parfois ils les tuent. Dans de pareilles conditions, les Tartares ont pris les Français pour des dieux, lorsqu'ils ont vu que nous ne voulions pas les maltraiter et que nous leur payions exactement les vivres que nous leur demandions. De là cette sorte d'invasion de Tartares à

Eupatoria. dès notre arrivée. Ils accoururent au nombre de trente-cinq mille, et se campèrent dans les rues, sur les places, dans les écuries, je ne sais où. Ils étaient si pauvres qu'ils n'avaient pas d'habits pour tout le monde. Les grandes personnes avaient jeté sur leur dos des espèces de capotes grises, et les enfants ne portaient rien du tout. On ne conçoit pas comment, avec un costume aussi simple, les pauvres enfants pouvaient résister au froid; et cependant ils en prenaient leur parti, et on les voyait patiner sur la glace et jouer entre eux, comme vous le faites, avec un bon manchon et une pèlerine de fourrure, les jours de beau soleil, au jardin des Tuileries. S'ils n'avaient pas de quoi se vêtir, encore moins les Tartares avaient-ils de quoi vivre. Ils étaient réduits à manger des chevaux morts. Le commandant Osmont les prit en pitié. Il leur fit distribuer des vivres, et même il eut l'ingénieuse idée d'enrôler sa colonie pour la défense de la ville. Nos forces devinrent plus imposantes. Et les Tartares, bien au fait du pays, furent placés en vedettes et envoyés comme explorateurs sur les pas des Russes, auxquels ils jouèrent, dit-on, d'assez mauvais tours.

C'est une singulière espèce de gens que les Tartares habitants de la Crimée, et puisque nous sommes à Eupatoria, je veux, ma chère enfant, vous faire faire connaissance avec eux. Autrefois ils furent nombreux, et ce pays-ci en comptait cinq cent mille. Depuis la conquête des Russes, en 1778, le nombre s'en est extraordinairement réduit. D'abord les vainqueurs exilèrent sur les bords de la mer d'Azof quelques milliers de marchands grecs et arméniens qui faisaient la fortune du pays. Et puis, de 1785 à 1788, époque à laquelle on bâtit Sébastopol, les Tartares, brisés de douleur en voyant s'élever une forteresse qui assurait la domination de leurs nouveaux maîtres, et la perte totale de leurs usages et de leur liberté, s'embarquèrent en foule, quittant leurs cabanes, leurs champs et leurs troupeaux, et se réfugièrent dans l'Anatolie et la Roumélie. En 1793, il n'en restait plus que deux cent mille six cent dix-sept, d'après un recensement officiel du gouvernement russe.

Autrefois ils étaient gouvernés par des princes qu'ils appelaient *kans*. La monarchie était héréditaire dans la famille Ghéraï. Outre le kan ou souverain, il existait un certain nombre de familles nobles appelées *mirzas*. Les membres de ces familles étaient de petits souverains indépendants à la façon de nos seigneurs au temps de la féodalité. Il y avait aussi un corps à part formant le clergé musulman. Ces sortes de prêtres s'appelaient cadis ou imans. Les cadis étaient comme les chefs spirituels des villes. Le chef suprême du clergé s'appelait le *muphti*. Sous ses ordres était un grand conseil ou consistoire composé du cadi en chef ou cadi-esker-effendi et de cinq ulémas.

Le reste de la population vivait esclave. Mais tout esclaves qu'ils étaient, les bons Tartares n'aimaient point les injustices, et sans attendre le jugement du maître dans les cas difficiles, ils se déclaraient perpétuellement la guerre les uns aux autres. Aussi leur vie se passait-elle à cheval, et on les a toujours reconnus comme les premiers cavaliers du monde. Quand ils allaient en guerre, ils emmenaient avec eux femmes, enfants, troupeaux et tout leur ménage. Pour cela, ils construisaient de petites cabanes portatives et roulantes de huit pieds de long à peu près. Les murs en étaient faits avec des claies d'osier. Ils avaient quatre pieds de haut. Sur le toit, on jetait une sorte de feutre imperméable. La porte se composait d'une natte de jonc. Ainsi pourvus, les Tartares partaient pour la guerre, bien sûrs de ne manquer ni de viande ni de lait, grâce à leurs troupeaux.

Actuellement encore, il existe une population de dix à douze mille Tartares appelés Nogaïs, qui mènent une vie nomade, et sont pasteurs de troupeaux; mais cela tend à disparaître sous la domination russe.

Une autre partie de la population habite la plaine. Ceux-là se construisent de petites maisons en pierres ou en terre. Un trou pratiqué dans le toit laisse échapper la fumée. Leur foyer s'alimente avec du fumier battu et coupé en petites mottes séchées au soleil. Enfin la troisième partie de la population se creuse des habitations dans le flanc des rochers à pic. Huit, dix et vingt maisons sont ainsi quelquefois superposées les unes sur les autres, en forme d'étages. La meilleure idée que je puisse vous donner du coup d'œil qu'elles présentent, ce sont les grandes maisons des faubourgs de Lyon, qui n'en finissent jamais et sont percées d'une foule de petites fenêtres pour la commodité des canuts.

Les Tartares sont essentiellement laids avec leur figure plate, leurs yeux percés avec une vrille, leur teint noir, leur nez aplati et leurs quelques poils de barbe sales. Pour eux, le suprême bonheur est de passer les journées entières, une pipe à la bouche, devant le feu, assis sur leurs talons.

Ils aiment la toilette. Je ne vous décrirai pas leurs costumes, ce serait trop long. Je vous dirai seulement que les femmes riches mettent leur amour-propre à garnir leurs écrins de perles fines et leur garde-robe de fourrures précieuses. Sur un vaste caleçon et une chemise reliée autour du cou et descendant jusqu'aux genoux, les jeunes filles se revêtent d'une robe de soie rayée tout ouverte par devant. Les manches de cette robe sont étroites. Le poignet est garni d'une broderie d'or ; une ceinture en filigrane dessine la taille ; et, sur le tout, une espèce de pardessus aux couleurs tranchantes, avec de larges manches garnies de fourrures, fait un effet gracieux et riche. La coiffure consiste en une foule de tresses qui retombent sur le cou et les épaules. Il est de rigueur de se peindre les ongles des pieds et des mains. Et même, lorsque les jeunes personnes riches vont se marier, elles se teignent les pieds et les mains en une sorte de jaune rouge et s'épilent toute la peau avec une composition de chaux et d'orpiment. Sous prétexte d'ajouter à leur beauté, leurs amies leur collent de petites feuilles d'or sur la figure. Pour sortir, elles se couvrent d'un voile de laine de couleur, elles cachent leurs pieds jaunes dans des brodequins grossièrement taillés, et elles jettent sur le tout un grand voile blanc qui tombe jusqu'au-dessous de la taille et recouvre leur figure de telle façon qu'on ne voit plus que le bout du nez et une apparence d'yeux.

Les femmes sortent peu. Elles passent leurs journées à coudre et à filer. Elles s'occupent avec une rare sollicitude du soin de leurs enfants. Le berceau est pour elles un trésor. Aussi l'ornent-elles souvent de perles et de broderies d'or. On n'apprend aux jeunes filles ni la danse ni la musique. Elles sont toujours employées aux occupations sérieuses.

Les hommes sont graves. Ils font peu de gestes, écoutent ce qu'on leur dit sans interrompre, répondent brièvement et ne s'emportent presque jamais en paroles dures. Ils aiment les chevaux, et les riches ont la vanité de s'entourer de nombreux domestiques, parasites inutiles qui amoindrissent peu à peu leur fortune.

Les Tartares aiment à manger, et à manger beaucoup. Leur table, s'ils sont riches, est servie avec profusion de composés de viande hachée et de riz qu'ils forment en boulettes et qu'ils enveloppent de feuilles de vigne. Mais devinez, mon enfant, la nourriture favorite des riches et des pauvres? Vous ririez bien si, un beau jour de fête, on tuait un des chevaux de l'écurie de votre père pour en faire le rôti du second service. Eh bien, le cheval est le veau gras des Tartares. Et, comme ils ne peuvent pas arroser de vin ce mets délicieux, ils y suppléent en mettant dans leur eau du fromage pilé avec du lait tourné. Entre leurs repas, ils boivent continuellement du café, et puis ils fument comme le tuyau de votre cheminée en hiver. La pipe est une de leurs passions; on l'offre à tous les étrangers. Et les maisons des hommes riches sont ornées de longues pipes faites avec des tuyaux de bois odoriférant et rehaussées d'ornements d'or et de nacre. Cependant un inférieur ne doit pas fumer devant son supérieur, ni un enfant devant son père.

Au milieu de toutes ces bizarreries, le caractère tartare présente un mélange de bonté et de hautes vertus. Les enfants sont parfaitement élevés. Ils respectent leur père et ne lui parlent jamais que les yeux baissés et les mains jointes. Aux jours de grande fête, ils vont baiser la main de leur père, de leur mère, de leurs grands parents et de leurs oncles, et demandent à chacun d'eux sa bénédiction. Une malédiction de leurs parents est regardée comme un effroyable châtiment par les plus mauvais sujets eux-mêmes.

Les Tartares ne s'enivrent presque jamais. Ils sont extrêmement charitables. Ils donnent généreusement l'hospitalité aux voyageurs et l'aumône aux pauvres. Ils ne sont pas voleurs et se montrent surtout fidèles. On assure que des seigneurs polonais, qui avaient dans leurs terres des esclaves tartares, ont donné quelquefois un congé de deux ans à ces esclaves pour aller voir leur famille, et qu'à l'expiration du congé ces pauvres gens sont revenus d'eux-mêmes se remettre à la disposition de leur maître. Il n'y a donc pas besoin de remonter à l'histoire ancienne pour y trouver des Régulus. La Crimée nous les offre en plus grande abondance que l'ancienne Rome.

Mais je m'aperçois que je m'égare. Je vous raconte des histoires et j'oublie la guerre. Revenons à Eupatoria. Aussi bien voilà le signal des combats qui s'y fait entendre et nous arrache à la contemplation des mœurs patriarcales.

Le 3 février, les Turcs campés à Eupatoria essayèrent inutilement d'attaquer l'armée russe. Ils n'étaient pas de taille à lutter en pleine campagne contre une armée semblable. Force leur fut de se retirer. Mais les Russes voulurent prendre à leur tour l'offensive. Oubliant leur revers de Silistrie, ils crurent pouvoir étouffer leurs ennemis sous leurs retranchements culbutés. Ils se trompèrent. Quelques jours à l'avance ils remuèrent la terre des environs avec cette prestesse qu'on ne peut leur contester. Ils firent des tranchées et des places d'armes. Ils braquèrent des canons et disposèrent leur artillerie. Derrière les batteries, ils rangèrent des lignes de fantassins commandées par le général Osten-Sacken. Et puis ils commencèrent une de ces canonnades qui font trembler le terrain et presque frémir la mer qui baigne les falaises. Enfin ils attaquèrent! D'abord ils s'élancèrent vers la gauche. Bientôt repoussés, ils revinrent à droite. Mais là encore ils trouvèrent des hommes prêts à les recevoir. Le commandant de place avait eu la bonne pensée de creuser d'immenses fossés et d'y faire déborder les eaux du lac Saki, et, de plus, il avait appelé à son aide les marins du *Henri IV*, sous le commandement du jeune, vaillant et chrétien M. de las Cases. Les Russes essayèrent en vain de franchir l'obstacle. Le nombre et la force elle-même ne sont rien devant la nature combinée par le génie et dominée par la vaillance. Les Russes durent prendre la fuite. Un bataillon turc les poursuivit et les décima. Près de cinq cents hommes restèrent sur le carreau.

Eupatoria put dès lors se croire à l'abri des attaques sérieuses d'un ennemi découragé. Sans doute il y eut encore dans la suite des reconnaissances partielles, des surprises, des coups de fusil échangés, de nobles actions, de beaux traits de courage dont le détail sera glorieux à leur auteur dans une histoire détaillée ; mais l'important était obtenu : la position devenait certaine.

Adieu, ma chère enfant. Embrassez votre frère et votre sœur. Continuez à aimer et à respecter votre père et votre mère, comme vous le faites déjà. Et croyez que, si mon récit a pu vous faire plaisir, je m'estime trop heureux

ONZIÈME LETTRE

INFLUENCE DE LA PRÉSENCE DES FRANÇAIS EN TURQUIE.

AU DIRECTEUR DES PRÉCIS HISTORIQUES, A BRUXELLES.

ARMÉE D'ORIENT.
Devant Sébastopol, le 3 avril 1855.

Mon révérend Père,

Je n'aurais pas satisfait la juste curiosité de vos lecteurs si je n'ajoutais à mes récits quelques observations sur nos rapports avec nos alliés et sur les résultats probables du glorieux passage des enfants de la France à travers les nations de l'Orient.

Autrefois, vous le savez, l'influence du nom de *Franc* était immense aux pays du Levant : la force, la valeur, la vertu étaient, dans l'esprit des peuples, les synonymes de ce nom. Et de nos jours encore, sur le chemin d'Antioche, au pied d'une colline couverte des débris d'un fort du moyen âge, un voyageur sérieux, M. Poujoulat, a retrouvé les vestiges de cette puissance mystérieuse dans une légende restée populaire chez les habitants des bords de l'Oronte : « Sous ce terrain que vous voyez là-bas, lui dit son guide, est un lac dont les rivages resplendissent de diamants et de monceaux d'or; un bateau flotte sur le lac; musulmans, Arméniens, Grecs et juifs pourraient entrer dans le bateau et se promener sur le lac; mais, s'ils voulaient approcher du rivage pour prendre les diamants et les monceaux d'or, le bateau s'attacherait immobile à la vague. *Aux Francs seuls* appartient le privilége de toucher à ces trésors; car les Francs sont des démons à qui Dieu permet tout. »

Eh bien, si, comme il n'en faut pas douter, la gloire de nos armes maintient en Orient la réputation de valeur conquise par les croisades de nos pères, la France acquerra une gloire nouvelle, au point de vue de la civilisation chrétienne, par la manière d'agir noble et désintéressée qu'elle apporte dans ses relations avec ses alliés. Volontiers j'appellerais notre passage en Turquie la *croisade pacifique du bon exemple*, croisade d'autant supérieure aux précédentes, qu'elle se fait par la persuasion.

Assurément il y avait à craindre des froissements, des brisements peut-être, entre deux peuples aussi dissemblables que les Français et les Turcs, appelés à vivre ensemble sur les rives du Bosphore. On connaît la haine invétérée des Turcs contre les *chiens de chrétiens*, et le péril extrême de la nation ne paraissait pas être un mobile suffisant pour détruire cette vieille animosité inspirée par le fanatisme religieux. Eh bien, le croirait-on? après quelques mois seulement, l'armée française a si parfaitement su comprendre sa mission, qu'au lieu d'exciter la jalousie, notre présence est un symbole de paix et de réjouissance parmi les populations turques.

Tous les journaux ont répété la parole courte mais significative par laquelle se traduisent les rapports amicaux des deux nations. Un Français se promène-t-il dans Stamboul, au milieu de la population vraiment indigène de Constantinople, plusieurs fois dans sa route il s'entendra saluer par cette expression : *Bono Francese! Bono*. Et, s'il y répond, comme il n'y manque pas, par ces mots : *Turco bono*, vous verrez immédiatement sur toutes les lèvres un sourire inspiré par un contentement réel. Et n'allez pas croire que cette expression *bono* soit un salut banal que le peuple asiatique lance indistinctement au premier étranger venu. Nous en avons tous été les témoins; d'autres nations n'obtiennent pas toujours cette marque de sympathie; et souvent on a vu le Turc, après avoir dit *bono* au Français, se retourner du côté de tel autre Européen et lui dire avec un geste significatif : *Toi, no bono. Francese bono. Autre, no bono!*

J'ai visité les classes des Frères des Écoles chrétiennes établies à Péra par les aumônes de l'Œuvre de la propagation de la foi. Vous vous ferez difficilement une idée de l'ardeur avec laquelle les cinq cents enfants réunis sous la direction des Frères apprennent le *français*. Ils savent assurément que c'est la volonté de leurs parents; mais, de plus, ils ont conçu dans leur conversation avec leur famille une telle idée de notre nation, que plusieurs veulent absolument être Français. En traversant leurs rangs, plusieurs fois il m'arrivait de dire, en désignant l'un d'eux : Celui-ci est Arménien, par exemple, ou Cophte, ou autre chose.

« Non, non, répondait le petit espiègle : moi veux être Français! »

« Aimez-vous les Français? leur disais-je à tous.

— Oui ! oui ! » répondaient toutes les voix.

Les acclamations de ce petit peuple en faveur de la France, à une si grande distance de notre pays, m'ont vraiment réjoui le cœur, et j'ai gardé un bon souvenir de ma visite aux petits enfants de la ville de Mahomet.

Si quelques musulmans entêtés voient avec peine circuler les prêtres catholiques parmi eux, l'ensemble de la population ne partage ni leurs répugnances ni leurs mépris. J'ai été, au milieu de la population turque, l'objet d'une petite ovation dont le récit vous amusera. Un jour que mes affaires m'appelaient à Stamboul, je descendis à Dolma-Bagtché et je pris un caïque pour traverser la *Corne d'or*; or, tandis que, étendu immobile au fond de l'esquif, je m'étudiais à conserver mon équilibre pour ne pas chavirer, j'aperçus mon batelier très-attentif à considérer la croix d'argent suspendue sur ma poitrine. Alors, pour lui donner une leçon muette, je pris cette croix et je la baisai respectueusement. Mon Turc, loin d'en paraître surpris, regarda le ciel et me dit :

« *Francese bono.*

— *Catholico bono*, repris-je avec un ton fortement accentué

— *Bono, bono,* » répéta le Turc en montrant ma croix.

Et, plusieurs fois pendant notre petite traversée, il renouvela les mêmes démonstrations. Ce début de ma promenade paraissait d'un augure favorable. Arrivé à la pointe du vieux sérail, je saute hors de mon caïque, je donne quelques piastres à mon conducteur et je m'enfonce dans Stamboul, accompagné de deux soldats d'ordonnance. Or, tandis qu'à la porte d'un magasin de tabac j'attendais que mes hommes eussent fait leurs emplettes, je vois tout à coup s'arrêter devant moi un jeune homme de vingt ans, en costume oriental. Il regarde ma croix, la prend dans ses mains, et, s'inclinant, il fait un signe de croix sur lui-même, en disant avec une expression de bonheur : *Moi, Armèn catholic!* A peine lui avais-je donné quelques signes d'intelligence, qu'un second jeune homme arrive et fait comme le premier ; puis un troisième, puis un quatrième. Tant qu'il n'y eut que des catholiques, je ne m'étonnais pas tant de cette démonstration. Mais bientôt arrivèrent d'autres jeunes gens de différentes nations et de religions diverses; des juifs s'en mêlèrent comme les autres, et soudain je me vis entouré d'une bande de jeunes hommes de tout costume et de toutes couleurs qui m'accompagnaient dans les rues de Stamboul, en disant : *Prêtre francèss bono.* Ils s'arrêtaient avec moi à la porte des boutiques, et continuaient leur route lorsque je marchais. Sur ces entrefaites passe un jeune officier anglais catholique. Emporté, sans doute, par le désir de donner plus de poids à cette espèce de démonstration religieuse, il vient à moi directement, me prend la main, me dit en anglais qu'il est catholique. saisit ma croix et en fait un signe respectueux sur son front et sur sa poitrine. Je vous laisse à décrire l'étonnement des bons vieux Turcs de Stamboul. Assis les jambes croisées sur leur comptoir et fumant leur chibouque, ils semblaient se demander ce que voulaient dire ces nouvelles allures de la jeune population des rives du Bosphore. Quant à moi, je songeais que la conduite des Français vis-à-vis des musulmans avait dû être bien noble pour faire fléchir, en si peu de temps, les préjugés de l'islamisme.

Oui, je le répète et je le crois : la France fait dans ce moment-ci, en Turquie, la croisade pacifique du bon exemple, et elle la fait avec des armes courtoises. Elle ne brusque pas ces peuples assis dans l'ombre de la mort ; elle descend jusqu'à leur indigence, et elle leur dit : Mes enfants sont vos frères et vos amis. Vous êtes trop faibles contre le fort. Donnez-nous la main; marchez avec nous. Nos étendards, habitués à la victoire, vous ouvriront la carrière du triomphe. Elle dit, et elle est loyale dans sa conduite; elle respecte, vis-à-vis de ces hommes, une religion que la nôtre flétrit avec raison comme absurde et désespérante, et elle attend du temps et de la bonne foi le triomphe de ses doctrines.

Or comment voulez-vous que cette conquête par la persuasion n'ait pas son plein succès? Le Turc est naturellement bon. Il n'est pas haineux comme le Grec, et si sa religion lui inspire du mépris pour ce qu'il ne connaît pas, elle n'étouffe cependant pas entièrement la liberté de son cœur, et alors pourquoi voudrait-on que la civilisation chrétienne n'y trouvât pas un accès en remontant le chemi de la reconnaissance? Je ne sais si je me trompe, mais je formulerais volontiers ma pensée de la sorte : la France implantera la civilisation chrétienne en Turquie à force de bienfaits.

Sur la terre de Crimée, les Turcs seraient bien malheureux sans nous. Leurs troupes sont indignement organisées au point de vue matériel. Tout leur manque. La nourriture grossière distribuée aux hommes bien portants suffit à peine pour les préserver de la mort, et leurs ambulances sont plutôt des cimetières qu'un lieu de soulagement pour les malades. J'ai vu plusieurs fois, cet hiver, transporter des soldats turcs malades de leur camp au rivage de la mer. Rien de plus hideux que ce spectacle. Au mileu de la neige, par le vent et par le froid, de pauvres poitrinaires ou d'autres hommes épuisés par la dyssenterie ou par la fièvre étaient hissés sur des chevaux et placés à califourchon sur un mauvais bât. On s'inquiétait peu de savoir s'ils étaient suffisamment forts pour faire deux lieues en cet état. C'était la consigne; il fallait partir. Aussi, dès les premiers pas du cheval, ces malheureux tombaient sur le cou de l'animal, et leur tête pendait incertaine comme celle des animaux que les bouchers conduisent à l'abattoir. Une fois, allant de Kamiesh au quartier général, je rencontrai un de ces tristes convois de soldats turcs qu'on traînait à leur ambulance. Un des infirmes laissait ballotter sa tête sur sa poitrine, et devant le bât sur lequel il était assis s'élevaient deux morceaux de bois aigus. Or, la tête du malheureux, agitée à droite et à gauche selon le pas du cheval, rencontrait à chaque côté un de ces morceaux de bois;

contre lesquels elle se heurtait : son visage était tout en sang et son nez était brisé. Je fis signe à l'officier ottoman qui conduisait la triste caravane; il haussa les épaules comme pour dire : Je n'y puis rien; et les chevaux continuèrent à marcher, et les hommes ne cessèrent pas de souffrir. Or est-il possible que la dignité naturelle de ces hommes ne se réveille pas en voyant les soins que l'armée française prodigue à de simples soldats comme eux? Bien plus, le général en chef n'a pas voulu tolérer d'aussi étranges misères. Il a ordonné que les Turcs fussent soignés par nos médecins; il a mis nos cacolets et nos litières au service des plus malades; et cet apprentissage du bien-être, que l'humanité chrétienne procure aux plus ignorés de ses membres, ne peut manquer de faire impression sur le Turc. Difficilement, sans doute, il se résignera à revenir à son état de dégradation et de souffrance; et devant ces deux maximes du Coran qui consacrent son esclavage abrutissant : *Il faut obéir au destin!... Celui qui est dans le feu doit se résigner!* il s'indignera, il brisera son joug, et tournera ses yeux vers la religion de la France, qui respecte le petit comme le grand, le pauvre comme le riche, et répand sur tous les doux rayons de sa chaleur vivifiante.

Oui, au point de vue de la société et de la religion, le contact avec la France aura sur la Turquie une influence immense.

Pourquoi la nation turque se trouve-t-elle aujourd'hui impuissante à se mesurer avec les nations continentales de l'Europe? Est-ce que les Ottomans ne sont pas les enfants de ces hommes qui firent trembler l'Europe pendant plusieurs siècles, et qui l'emportèrent enfin sur nous dans la lutte terrible où succomba le royaume de Jérusalem? Assurément, il n'en faut pas douter; des exemples récents nous le prouvent. Les Turcs bien conduits sont encore susceptibles de faire de grandes choses, si on les considère au point de vue de la force et du courage; mais comme nation, ils doivent, sous peine de mort, rejeter bien loin les dogmes de l'islamisme pour embrasser les doctrines de Jésus-Christ.

Sous le niveau barbare qu'impose à la Turquie la loi de Mahomet, rien de ce qui forme les éléments constitutifs d'un peuple ne peut trouver sa place au soleil. Point de classe élevée pour former les mœurs et les policer, point de classe intermédiaire pour cultiver les sciences et faire jaillir la lumière; les sources de ces deux grands fleuves si utiles à la civilisation sont taries. Ne cherchez parmi cette population d'esclaves ni émulation, ni modèle proposé à l'imitation, ni amour de la gloire. Chez elle, il y a absence totale du ressort qui fait la vie des peuples. Grâce au mépris systématique des sciences et des arts, l'industrie, l'agriculture et la navigation sont devenues impossibles chez les Turcs, et comme, cependant, un peuple ne peut vivre sans cela, ils ont appelé à leur aide des étrangers. Les Grecs se sont offerts. Mais ce peuple de fermiers mercenaires n'a pas pris à cœur les intérêts d'une nation qu'elle hait, et l'agriculture n'a pu avoir un développement sérieux dans le pays le plus fertile du monde. Ainsi en devait-il être de la guerre, en face de la dure nécessité de livrer entre les mains d'étrangers les forces des armées et des flottes.

A un si grand mal, quel remède? La religion de Mahomet est impuissante à offrir des consolations et des secours à cette société souffrant d'aussi profondes douleurs. C'est elle qui a fait l'état actuel ; c'est son principe barbare qui a empêché les Turcs de s'implanter comme nation sur les rives du Bosphore, et les a réduits au rôle d'une simple armée d'occupation dans un pays qu'ils avaient conquis. Cette religion, qui consacre le pouvoir exclusif du despote et l'asservissement de tous, et qui inspire à ses adeptes une profonde aversion pour les étrangers et un mépris souverain pour leurs coutumes, leurs mœurs et leurs lois, a bien pu fonder un empire sur les ruines d'une civilisation décrépite, mais elle est incapable de le conserver lorsqu'est venu le jour où des relations obligées avec les États civilisés imposent des changements salutaires sous peine d'anéantissement.

Sur le bord de l'abîme où l'entraînait impitoyablement une religion fausse, vers qui donc la Turquie lèvera-t-elle les yeux? Son choix ne sera pas difficile. La présence des enfants de la France lui a révélé tout ce que produisait de grand, de généreux et d'illustre l'influence des doctrines de l'Église catholique, apostolique et romaine. Déjà, malgré la défense du Coran, elle emprunte à la France le modèle de ses institutions scientifiques et littéraires; bientôt, si elle veut être conséquente, et surtout si elle veut conquérir une existence durable, elle lui demandera la communication du principe vivificateur qui l'a rendue digne d'être le modèle des autres nations, et la croix de Jésus-Christ s'élèvera de nouveau triomphante sur les deux rives du Bosphore, et dira une fois de plus au monde. *Je suis ton salut!*

Oh ! la belle mission que celle de la France ! Elle semble s'être transportée en Orient, moins encore pour faire une guerre glorieuse et donner l'exemple de la magnanimité et de la grandeur d'âme, que pour continuer son action civilisatrice à travers le monde. Elle est venue en Turquie pour révéler la grandeur de l'homme à l'homme qui se méconnaissait lui-même, et, messagères pacifiques de la vérité, ses armées portent et répandent la lumière au milieu des ténèbres de l'erreur.

On avait dit de la France que, depuis quelques années, elle s'endormait dans la mollesse et que l'esprit mercantile avait succédé à son caractère chevaleresque ; et au jour donné la France présente à l'Europe étonnée une armée admirable, dont les soldats renoncent généreusement aux douceurs de la famille pour s'élancer au delà de l'Europe et s'exposer à tous les périls avec plus d'ardeur et de joie que n'en ont jamais montré les hommes en courant à des jours de fête.

On avait dit que l'officier français avait oublié sa valeur dans les théâtres et dans les cafés, et au moindre signal de guerre, une nuée de nobles hommes ont montré au monde qu'aujourd'hui encore chacun des chefs de notre armée peut dire comme autrefois l'invincible Tancrède : « Ma fortune et ma gloire, ce sont mes soldats. Que la richesse soit leur partage ; pour moi, je me réserve les soins, la fatigue, la grêle et la pluie. »

On avait dit : La France est devenue impie : elle a renoncé aux traditions chrétiennes de ses pères, et bientôt nous assisterons à sa ruine. Et les armées de la France ont traversé l'Europe, et elles sont venues en Orient, emmenant avec elles leurs prêtres, et elles ont assisté en armes, fières et respectueuses de leur croyance catholique, au saint sacrifice de la messe célébré sur une terre jusque-là rebelle.

En vérité, malgré les inconvénients sans nombre qu'une guerre entraîne nécessairement avec elle, ne peut-on pas voir dans celle-ci quelque chose de providentiel et de divin, et ne faut-il pas en venir, comme dernière conclusion des grands événements qui s'opèrent, à cette parole dictée par le génie : « L'homme s'agite, et Dieu le mène ! »

Adieu, mon révérend Père. J'ai à peine parlé de nos troupes aujourd'hui. J'en ai presque du regret. Il y a encore tant de choses à raconter à la gloire de nos armées ! J'étais bien aise cependant de vous dire quelques mots du bien opéré par la présence de nos soldats sur la terre infidèle. Après tout, n'est-ce pas une partie de leur gloire, et ne devais-je pas vous la révéler? Je vous envoie donc cette lettre telle qu'elle est. Trop heureux si elle vous présente quelque intérêt et si elle augmente votre estime pour la France. Adieu.

DOUZIÈME LETTRE

ATTAQUES FRANÇAISES ET SORTIES DES RUSSES. ÉTAT DU CAMP AU MOIS D'AVRIL.

A M. LE COMTE DE ***.

ARMÉE D'ORIENT.
De la baie de Kamiesh.

Aujourd'hui, mon cher ami, je serai court et peu intéressant. Mon journal ne me présente rien de saillant. Toujours de nobles actions partielles. Toujours même ardeur contre l'ennemi, même fidélité au drapeau, même sang-froid devant la mort. Mais point de ces péripéties qui donnent à la guerre son caractère émouvant.

Je vous envoie quelques extraits des ordres du jour du général Canrobert. Ils renferment des éloges que l'histoire ne peut point oublier, et la France doit unir ses applaudissements aux félicitations plus graves du général en chef :

« Dans la nuit du 14 au 15 mars, les troupes aux ordres du général Bisson ont fait de très-bonnes preuves. Deux compagnies du 10ᵉ de ligne ont enlevé avec beaucoup de résolution les embuscades de l'ennemi. La compagnie de grenadiers du capitaine Campanhet a notamment montré la plus grande énergie, en défendant con re des assaillants très-nombreux le poste qu'elle occupait…..

« Le commandant des troupes russes a été blessé ; le commandant en second a été tué.

« Du 15 au 16 mars, les troupes dirigées par le général de Failly n'ont pas opéré avec moins de vigueur….. Le 2ᵉ bataillon du 3ᵉ zouaves, sous la direction immédiate du colonel de Brancion, s'est jeté sur l'ennemi avec son entrain habituel, et on a vu se dérouler, dans cet épisode militaire très-intéressant, des actions individuelles fort honorables pour leurs auteurs.

« ….. L'assiégé a toujours éprouvé des pertes considérables…..

« A l'extrême gauche de nos attaques, l'assiégé a fait, dans la nuit du 15 au 16 mars, une sortie considérable sur les points défendus par la compagnie de voltigeurs du 2ᵉ régiment de la légion étrangère, capitaine Bertrand, et par une compagnie de chasseurs à pied, sous-lieutenant Bèdes. Averties par leurs vedettes, ces deux compagnies ont attendu avec le plus grand calme l'ennemi jusqu'à quelques mètres seulement du parapet de la tranchée, l'ont fusillé presque à bout portant, puis l'ont assailli à la baïonnette, sans commettre la faute de le poursuivre au loin. Malgré la promptitude et le soin qu'il met à enlever ses morts et ses blessés, l'ennemi en a laissé vingt-neuf entre nos mains et autant en avant du parapet, sur le terrain qu'il a parcouru dans sa retraite précipitée. Il a perdu dans cette opération au moins le tiers de l'effectif engagé.

« Dans la nuit d'avant-hier (22 mars) l'ennemi a fait sur nos travaux de droite une sortie générale avec dix mille hommes environ, et des dispositions telles, que cette opération pouvait être considérée comme une sorte d'assaut tenté avec des troupes fraîches contre nos cheminements, que la nature du sol rend très-laborieux.

« Le combat, soutenu par moins de deux mille hommes de nos troupes, a été long, opiniâtre et et fort glorieux pour ces dernières. L'ennemi n'a pu prendre pied nulle part, et il a été rejeté définitivement dans ses ouvrages, après avoir échoué devant la tranchée anglaise comme devant la nôtre.

« Le général de division Brunet a exécuté habilement les dispositions générales prescrites par le général Bosquet. Le général d'Autemarre a conduit l'action avec une intelligente vigueur. Il a été dignement secondé par le colonel Janin, qui n'a cessé de donner à tous, bien que deux fois blessé, l'exemple d'un brillant courage.

« Le chef de bataillon Banon, du 3ᵉ zouaves, le chef de bataillon Dumas, du corps du génie, officiers supérieurs pleins de mérite et de bravoure, ont trouvé une mort glorieuse dans l'accomplissement de leur devoir. Le capitaine de Crécy, des zouaves, le capitaine Montois, du 85ᵉ, se sont hautement distingués.

« Officiers, sous-officiers et soldats se sont disputé l'honneur de faire payer cher à l'ennemi une agression sur laquelle il fondait de grandes espérances, et qui lui a coûté plus de deux mille hommes tués ou blessés. »

Ainsi parle le général Canrobert.

Après cette affaire sanglante, le général Osten-Sacken demanda une suspension d'armes pour enterrer les morts et relever ses blessés. On la lui accorda. Je n'ai pas vu le champ de bataille, mais il était littéralement, dit-on, jonché de cadavres, de boulets, d'éclats d'obus, de fusils brisés, de marteaux. Parmi les morts on trouva, la face contre terre, un Albanais au costume élégant aux larges manches ouvertes, au gracieux bonnet rouge surmonté d'un long gland bleu, à la belle jupe blanche, à la ceinture garnie de pistolets et de poignards. Dans sa main crispée, il tenait encore un marteau. A côté de lui, un sac de clous d'acier indiquait son intention d'enclouer nos canons.

Il y a quelque chose de remarquable dans la fusion qui s'opère entre les amis et les ennemis au moment d'un armistice. Sur ce vaste terrain couvert d'hommes violemment renversés par de cruelles blessures ou terrassés par la mort, d'autres hommes circulent examinant les visages et tâchant de reconnaître les leurs. Tout à l'heure ils se battaient avec acharnement les uns contre les autres. Dans un moment encore, lorsqu'au signal donné le drapeau parlementaire sera ramené, une fusillade à mort recommencera. Maintenant ils se mêlent ensemble, échangent des saluts amicaux, se donnent la main et se rendent de mutuels services. En vérité, la guerre est un étrange phénomène. Des hommes complétement étrangers entre eux, sans aucune raison de s'aimer ni de se détester, se précipitent les uns contre les autres, s'acharnent, se déchirent et se font tuer. Ils redeviennent amis et puis ennemis selon les ordres du chef. La chute seule du premier homme peut expliquer ce désordre de la nature.

J'ignore si vous connaissiez personnellement M. de Crécy. Il avait eu la bonté de me rechercher comme un ami de famille. C'était un noble cœur et un homme d'avenir. Nous fîmes demander de ses nouvelles. Il avait été remarqué par les Russes au milieu des combattants, aussi lui accorda-t-on des égards spéciaux parmi les prisonniers. Il eut le bras amputé par les chirurgiens russes. On espéra le sauver, mais ses blessures étaient trop graves. Il mourut regretté de nos ennemis eux-mêmes. On dit que l'officier russe qui présidait à l'enlèvement des morts en parla avec éloges à l'officier français chargé pour nous du même soin. Cette perte est donc sensible, et le sacrifice que fait en sa personne une noble famille attirera sans doute sur la France une bénédiction de plus.

Tels sont, mon cher ami, les faits les plus saillants de nos derniers jours.

Voulez-vous maintenant avoir une idée de l'état

actuel de notre camp et de la manière dont nous y sommes installés? Je vous le dirai volontiers, puisque j'en ai le loisir.

A l'extrémité sud de la presqu'île, témoin des invasions successives des Tartares, des Lithuaniens et des Turcs, s'avance vers la mer un cap célèbre dans l'histoire ancienne sous le nom de cap Chersonèse. La terre en est fertile; les arbres fruitiers et la vigne surtout paraissent devoir y prospérer. Sa surface est accidentée par une foule d'élévations inégales qui semblent être la suite d'une chaîne de montagnes expirant vers la mer. C'est là, dans l'espace compris entre Sébastopol et le Pont-Euxin, que se trouvent campées les troupes alliées.

Lorsque nous y sommes arrivés, la campagne indiquait les efforts d'une culture encore incomplète. Les grands seigneurs russes avaient commencé à la couvrir de vergers et surtout de vignes dont les plants étaient venus de Bourgogne. Les possesseurs du pays ne s'étaient pas préoccupés beaucoup des voies de communication : de longues murailles assez basses et construites en pierre sèche indiquaient la limite des propriétés et celle des chemins; du reste, nulle route n'était ferrée, et l'armée française a dû se livrer à de nombreux travaux pour ouvrir des voies faciles à son artillerie et à ses fourgons.

Actuellement, toutes ou à peu près toutes les traces de végétation ont disparu, et le printemps, dont le soleil est si beau, ne nous ramène pas la verdure. On le comprend : ce n'est point l'effet d'un vandalisme brutal ; ce ne sont point les sottes et stériles représailles de la guerre ; si nos troupes ont dû arracher jusqu'à la racine des arbres et renverser les quelques maisons semées çà et là dans la campagne, c'était pour les besoins du service, en attendant que l'inclémence momentanée de la mer permît au gouvernement de nous envoyer du bois et du charbon.

Au commencement de la campagne, nos camps, assis sur la croupe des mamelons qui longent les murs de Sébastopol, étaient la traduction vivante de la noble insouciance du soldat français, oubliant tous les soins matériels pour ne songer qu'à la gloire. Les difficultés probables d'un débarquement regardé comme presque impossible avaient inspiré à tous la pensée généreuse de restreindre leurs conditions de bien-être, et chacun était arrivé sans autre bagage que ses vêtements de chaque jour.

Alors vous auriez vu la campagne couverte de petites tentes d'un mètre de hauteur sur un mètre de largeur, et de deux mètres de long, destinées à abriter chacune deux soldats. Çà et là quelques pavillons plus élevés formaient l'asile de plusieurs officiers réunis sous une même toile. Quelques chevaux aussi campaient en plein air, les pieds engagés dans une entrave. Au milieu de ce dénûment universel, la gaieté était parfaite. Personne n'avait l'air de songer qu'il eût pu être mieux en France. On riait et on chantait dans les loisirs accordés par les travaux du siége; on parlait de la gloire de la France, et chacun s'animait à relever bien haut l'honneur de notre drapeau. Si la position s'est améliorée depuis, nulle plainte, nul murmure, nulle réclamation n'en sont la cause; seulement la sollicitude des chefs n'a pas voulu manquer à une armée qui s'oubliait si généreusement elle-même. Le 14 novembre, un affreux ouragan était venu nous assaillir comme un avant-coureur de l'hiver. Il avait jeté au vent nos petits bagages individuels et déraciné violemment nos tentes, tandis qu'une pluie froide semblait profiter, pour nous inonder, du moment où nous étions sans abri. A dater de ce jour, des ordres intelligents et paternels furent donnés, et nos vaisseaux apportèrent de Constantinople une quantité de grandes tentes suffisantes pour abriter tout le monde. Alors on vit les camps changer d'aspect. Des marabouts turcs avaient remplacé les petites tentes-abris. Chacun s'était industrié pour faire dans sa tente ou tout à côté une petite cheminée destinée à la cuisine; et ce bien-être était d'autant mieux senti, que de vieux soldats de l'Empire étaient là pour nous raconter comment, à l'époque de leurs plus laborieuses campagnes, ils n'avaient pas même de petites tentes-abris et se voyaient condamnés à coucher en plein air sous l'action bien souvent répétée du vent, de la neige et de la pluie.

Une chose admirable, c'est que jamais les vivres n'aient manqué. Souvent, je n'en doute pas, les caprices de la mer ont dû lutter contre les efforts de nos habiles pourvoyeurs. Personne ne se fût étonné, je pense, tant la chance était probable, si parfois on eût quelque peu diminué nos rations, pour aller au plus pressé en attendant l'arrivée de nouvelles provisions; mais jamais la chose n'a eu lieu; jamais on n'en a même paru menacé. Et si les chefs ont dû avoir de cruels moments d'inquiétude, ils ont renfermé leurs peines dans leur cœur, et chacun de nous a continué à recevoir paisiblement son pain de chaque jour.

Mieux que cela. L'administration a favorisé un certain nombre de marchands que l'amour du gain poussait à suivre l'armée. On leur a facilité le passage de la mer; et sur le bord de la baie de Kamiesh nous avons vu se créer petit à petit une sorte de village de toile qui s'augmente chaque jour. Des rues ont été tracées, *rue de Napoléon, rue de Lourmel, grande rue du Commerce.* Et les tentes sont numérotées à la façon des maisons de nos grandes villes. Comme les marchands ne sont pas venus de si loin pour vendre à bon marché, on s'est amusé à appeler du nom de *Vautourville* l'assemblage de leurs boutiques; mais, en attendant, chacun profite de leur présence, et le mauvais temps lui-même n'arrête pas la population nombreuse de militaires de tous grades qui viennent de deux et trois lieues compléter leur ration réglementaire par des approvisionnements de fantaisie.

Mieux que cela encore. Pour multiplier davantage les moyens de subsistances, on nous a envoyé un ou plusieurs navires chargés de vins et de provisions de bouche achetés en bloc par l'État, et taxés par lui à des prix modiques. Des vêtements aussi nous sont arrivés par la même voie; et si vous ajoutez à cela les cadeaux de vins expédiés deux fois de la part de l'Empereur, et le supplément de solde du mois de janvier, vous conclurez que si l'armée a souffert, elle a été puissamment secourue. Une seconde réflexion vous fera dire aussi que de telles conditions de bien-être, ajoutées à la valeur française, doivent doubler nos forces et nous garantir la victoire.

Adieu, mon cher ami. Terminons notre entretien d'aujourd'hui pour retourner chacun à l'accomplissement de nos devoirs. A mesure que des épisodes saillants se présenteront, je me hâterai de vous les raconter.

Adieu.

TREIZIÈME LETTRE

LES AMBULANCES.

AU DIRECTEUR DES PRÉCIS HISTORIQUES.

ARMÉE D'ORIENT.
Devant Sébastopol, baie de Kamiesh, 14 avril 1855

Mon Révérend Père,

Vous vous feriez difficilement une idée du bien-être qu'apporte à notre armée le retour du beau temps. Les rayons du soleil et la cessation de la pluie produisent sur tout le monde un effet semblable à celui de la santé qui revient à un homme atteint d'une maladie dangereuse. Autant l'existence était difficile en hiver, autant paraît-elle facile et même agréable à l'heure actuelle.

Tout se fait maintenant avec une facilité merveilleuse. La mer, devenue moins houleuse, permet aux navires de la traverser promptement, et notre baie de Kamiesh voit chaque jour se grossir le nombre des vapeurs ou des voiliers qui arrivent chargés de provisions de toute espèce. La circulation à travers les camps n'est plus qu'un jeu. Tandis que, pendant l'hiver, douze ou quatorze chevaux arrachaient difficilement de la boue un caisson peu chargé, un nombre bien inférieur de mulets fait plusieurs fois par jour le même trajet avec une charge double. Des télégraphes élevés sur tous les points du camp activent la propagation des ordres. Les chevaux, si horriblement décimés par les tourments du bivac en plein air, s'abritent actuellement sous de vastes toits en planches et derrière de larges toiles tendues dans le sens d'une muraille. Dans chaque division, ou à peu près, des ateliers de charronnage et de sellerie offrent le moyen de réparer les fourgons et les harnachements des chevaux. Sur les hauteurs de Kamiesh, un four à chaux brûle continuellement pour fournir aux besoins des petites constructions jugées nécessaires et surtout pour donner les moyens de consumer les cadavres dont la pourriture, sous l'ardeur du soleil, amènerait, sans doute, l'infection et la mort.

Ces différentes améliorations nous permettent d'attendre avec plus de patience la prise tant désirée de la ville ennemie ; et, supposé même le siége heureusement terminé, elles nous assurent un point solide de ravitaillement pendant les excursions probables de l'armée à travers la Crimée.

Une des idées les plus providentielles en notre faveur est celle de la construction et de l'emploi des baraques portatives. Grâce à ces maisons que le matin voit commencer et que le soir trouve achevées, nous n'avons plus rien à craindre des intempéries des saisons pour les malades et pour les provisions de toute espèce nécessaires à la vie de tant d'hommes. Notre baie de Kamiesh est devenue semblable à un véritable village : cinq cents maisons au moins couvrent ses rivages ; les pauvres blessés y trouvent un abri certain ; les magasins d'habillement, de provisions de bouche, de fourrage, d'armes et d'outils y sont à couvert ; les bureaux des administrations leur demandent un toit ; les menuisiers, les forgerons, les marchands, y travaillent et y vendent sans être interrompus par l'orage. Tout le monde, enfin, se réjouit de profiter d'un bienfait que l'hiver nous a appris à estimer doublement.

Il faut avoir vu de ses yeux l'horreur d'un hiver passé sous la tente, dans l'étroite enceinte d'un camp dévasté, pour s'en faire une juste idée. Les tentes sont assurément une admirable invention, mais trop souvent leur faiblesse cède aux fureurs de la tempête. Je ne parle pas même de ces vents impétueux auxquels rien ne résiste et qui, dans un espace de deux heures, gonflent les toiles, arrachent les piquets fixés en terre, et, dispersant au loin les lambeaux des pavillons déchirés, laissent toute une armée exposée pendant douze heures à une pluie froide et pénétrante ; je prends les choses dans leur état ordinaire. Voyez-vous, à travers les fentes de la toile, la neige qui pénètre fine et glaciale sous l'impulsion du vent? Elle couvre petit à petit les hommes étendus à terre et qui demandent à la nuit quelque repos en échange des fatigues et des émotions du jour. Bientôt ils seront glacés, et leurs vêtements transpercés entretiendront sur leurs membres une humidité mortelle. Que feront-ils pour se préserver de semblables rigueurs? Dehors, ils trouveront le froid, le vent et une neige tourbillonnante; dedans, ils ne seront guère mieux. Sans doute, au dehors, ils auront la ressource de marcher pour se réchauffer ; mais ont-ils la force de prendre du mouvement? Depuis vingt-quatre heures, ils étaient occupés à travailler péniblement dans la tranchée, à remuer la terre ou à transporter des boulets sous le feu incessant de la place; ou bien, c'étaient de forts et courageux soldats du train employés sans relâche à conduire péniblement, à travers les frimas, des chevaux chargés de provisions pour le ravitaillement de l'armée. Ces hommes peuvent-ils demander moins que de légers instants de sommeil qui leur permettent de renouveler leurs forces pour se livrer demain à de nouveaux labeurs?

Mais, si ces tentes ainsi exposées à la neige contiennent, non plus seulement des hommes valides, mais des malades attaqués de la poitrine, tourmentés par la fièvre et la dyssenterie, ou bien torturés par des blessures profondes, ou encore privés d'un membre qu'il a fallu amputer pour arrêter la gangrène et les progrès de la mort; oh! alors, combien la position est plus navrante! Il neige, et de méchantes couvertures de laine sont insuffisantes pour arrêter la neige et le froid. La nuit entière se passera dans d'affreuses angoisses; le jour, sauf le bienfait de la lumière, ne leur apportera guère de soulagement. Il faudrait à ces malheureux un breuvage dont la chaleur bienfaisante raviverait un peu l'ardeur d'un sang qui s'éteint; or, comment le leur donner? La cuisine se fait sous une mauvaise tente;

on remplit avec de la tisane un bidon de fer-blanc; et puis un infirmier va faire la distribution d'une tente à l'autre. Mais avant qu'il soit arrivé à la centième, le calorique aura presque entièrement disparu, et le pauvre moribond versera dans sa poitrine glacée une eau presque plus froide encore. Cependant il s'estimerait bien heureux si cette tisane froide lui était au moins donnée toutes les fois qu'une soif ardente le dévore. Mais la ration proportionnelle de chacun doit forcément être limitée. Des bœufs, pendant toute la journée, fendent péniblement la neige pour aller chercher de l'eau à trois quarts de lieue de l'ambulance. Ils l'apportent dans des tonneaux; quel que soit le nombre de leurs courses, le produit en est nécessairement peu considérable; or devant cette impossibilité de mieux faire, l'administration devra presque compter les gouttes d'eau une à une. Et puis, voici encore une autre sorte de torture. La dyssenterie met les malades dans l'obligation de quitter huit et dix fois leur tente dans une même nuit. Ces hommes exténués auxquels une grande chaleur serait nécessaire, vont donc à presque toutes les heures sortir de l'ambulance pendant quelques minutes; et, rentrés dans leur tente, ils se recou cheront sur une natte de jonc, avec leurs habits mouillés, sous une couverture imbibée de neige. Quelques-uns feront d'inutiles efforts pour suivre l'exemple de leurs camarades; mais leurs jambes se déroberont sous eux; leurs forces les trahiront; alors, obligés de rester à la même place, ils croupiront dans leurs ordures. Les nattes, les couvertures et le sol lui-même seront souillés; et l'infection deviendra pour tous une source nouvelle de tourments. Je vois d'ici un pauvre jeune homme que son colonel m'avait instamment recommandé. Ses camarades l'aimaient universellement. Il était le petit-fils d'un général des armées françaises.

« Oh! monsieur l'aumônier, me dit il un matin d'une voix mourante, donnez-moi une chemise pour que je sorte enfin de ce foyer de pourriture. »

Je lui fis l'abandon de la seule dont je pus disposer. Mais le lendemain il aurait fallu recommencer la même œuvre de charité; et je ne le pouvais plus. Nous n'avions pas même la ressource de faire laver les vêtements sales. Le froid gelait le linge mouillé, et il ne fallait pas songer à un séchoir dans une ambulance en plein vent. Aussi le délire fut la conséquence de l'état effroyable du jeune homme; et, pendant la nuit, trompant la surveillance des infirmiers, couvert d'une simple toile et les pieds nus, le malheureux se glissa hors de la tente et se mit à errer dans la neige. On le cherchait en vain. Le lendemain, deux hommes, chargés d'un cadavre qu'ils portaient à la morgue, trouvèrent ce jeune homme étendu au milieu des corps morts et chantant je ne sais quelle chanson inspirée par la fièvre.

Je ne finirais pas si je vous disais tous les ravages opérés dans un camp par la mauvaise saison. Il n'est pas question, ici, de se récrier et de dire : « Pourquoi l'autorité n'apporte-t-elle pas de remèdes à d'aussi grands maux ? » Que voulez-vous qu'elle y fasse ? En réalisant des prodiges, l'homme ne se rendra jamais le maître absolu des éléments, et toujours la guerre traînera après elle des fléaux sans nombre ; quelque chose qu'on fasse et quelque chose qu'on dise, il y aura toujours des guerres, parce que toujours les rois et les peuples auront besoin de sauvegarder leurs intérêts contre les empiétements des puissances jalouses, et parce que la guerre, punition du péché, est, comme la peste et la famine, une des conditions nécessaires de la triste humanité. Je dirai plus : les maux que je déplore sont bien tristes, et cependant je défie l'homme impartial qui étudiera l'histoire de ne pas reconnaître que jamais armée en campagne n'a été mieux soignée que celle-ci.

Nos pauvres soldats, victimes nécessaires du fléau, reconnaissent admirablement la sollicitude dont on les entoure. Je l'ai déjà dit et je le répète. Au milieu de si ineffables misères, ils ne se plaignent point, et même ils sentent le besoin de contribuer par leur énergie morale au maintien de l'esprit de soumission. On se tromperait bien si l'on se figurait une ambulance comme un séjour de cris de désespoir et de gémissements lamentables. Dans le premier moment on serait pardonnable de se la représenter ainsi : on concevrait des regrets et des plaintes amères dans la poitrine et sur les lèvres de ces jeunes hommes arrachés à leur famille, renversés sur la terre nue d'un pays inhospitalier, se voyant mourir en détail, et sentant leurs membres se détacher pièce à pièce sous le fer aigu du chirurgien. Mais la réflexion et surtout l'expérience ne permettent pas de juger ainsi le sanctuaire des douleurs d'une armée française. Voyez ce jeune tambour auquel un boulet vient de fracasser les deux bras. Quelques lambeaux de chair soutiennent encore ses mains à ses épaules ; le sang coule, les os broyés sortent par morceaux aigus à travers les chairs. Debout, il prie ses camarades de le débarrasser de son tambour; et comme on veut le soutenir et l'accompagner jusqu'à l'ambulance :

« Non, mes amis, dit-il, ne quittez pas le champ de bataille. On a besoin de vous pour résister à l'ennemi. Seul, je trouverai mon chemin. »

Et il va se mettre résolûment entre les mains des chirurgiens. La blessure de ce jeune héros était cependant bien grave, puisque deux heures après il tombait sans vie.

« Que faites-vous ? crie au médecin cet autre soldat renversé à terre par une balle qui lui est entrée bien avant dans la jambe. Vous voulez couper mon pantalon pour aller plus vite et me faire souffrir moins longtemps. Ce n'est pas de cela qu'il s'agit. Allez plus lentement, afin que lorsque vous aurez extrait la balle et pansé ma blessure, j'aie mon pantalon tout entier pour retourner au feu et terrasser encore quelques ennemis avant la fin de la bataille. »

Voici une salle remplie de blessés. On vient d'apporter ces hommes à dos de mulets. Je les trouve étendus dans la baraque destinée à leur servir d'infirmerie. Celui-ci a un œil de moins; celui-là tient suspendue par une bande de toile sa mâchoire fracassée; à ce troisième il manque un bras; le quatrième n'a plus qu'une jambe, et ainsi de suite.

« Bonjour, mes enfants.

— Ah ! monsieur l'aumônier, quelle mine nous devons faire ainsi étalés en rang d'oignons! me répond en souriant un pauvre garçon auquel on a coupé le bras et la jambe. Ah! dans nos villages, lorsque arrive le moindre accident ou lorsqu'*un vieux bonhomme* succombe à quatre-vingts ans, *toutes les bonnes femmes* lèvent les mains au ciel, elles pleurent et se lamentent; elles ont l'air de se demander comment un événement aussi naturel a pu arriver. Ah! bien, elles auraient joliment à faire dans ce pays-ci, en face de tant de jeunes gens mutilés par le feu de l'ennemi!

— Oh! reprend un second blessé, pleurer, c'est bien de cela qu'il s'agit à la guerre. Nous sommes ici pour combattre, être blessés et mourir s'il le faut, mais sans regrets. Lorsqu'on a fait son devoir, quelles qu'en soient les conséquences, l'homme qui a bien agi doit s'estimer heureux. »

Vous sentez, mon Révérend Père, que le reste de la conversation fut facile après une telle entrée en matière. Celui auquel revenait tout naturellement le rôle de prédicateur écoutait le sermon, et, en rentrant chez moi, je le notais, plein d'admiration pour ces jeunes hommes dont la position cruelle était à elle seule une leçon de morale et soutenait si bien l'énergie de leurs paroles.

De chez les blessés passez chez les fiévreux. Regardez cette belle figure pleine d'énergie, hier encore si brillante de santé.

« Vous êtes donc malade, mon pauvre enfant ?

— Oui, monsieur l'aumônier, et bien malade encore. Je voudrais recevoir les derniers sacrements.

— Mais vous n'êtes pas encore condamné, mon enfant ; je vous confesserai et je vous donnerai l'absolution de vos fautes, parce que c'est utile dans tous les temps ; mais pour l'extrême-onction nous avons le temps.

— Oh! monsieur l'aumônier, ne cherchez pas à me rassurer. Je n'ai pas peur. Nous autres, pauvres gens, qu'est-ce que ça nous fait de mourir aujourd'hui ou dans vingt ans? Nous ne tenons pas à la vie. Pourvu que nous ayons la conscience tranquille et que nous soyons sûrs du jugement de Dieu, nous n'avons rien à perdre et tout à gagner. Demandez plutôt aux camarades. Pourvu que nous ayons des prêtres pour nous absoudre dans le danger, le gouvernement peut nous dire de nous jeter dans la mer, il ne nous fera pas tort, et nous ne reculerons pas. »

Ces sentiments, je vous l'assure, sont ceux de tous nos braves paysans élevés par des mères chrétiennes et devenus soldats par la voie du sort. Lorsque j'entre dans une salle de malades, s'il y en a un seul qui, pendant la journée précédente, se soit livré à la tristesse, tous ses camarades me l'indiquent à la fois.

« Monsieur l'aumônier, allez donc à celui-là. Il pense à son pays et il pleure. Relevez-lui le courage. Ce n'est pas comme cela qu'il faut être. Nous le lui avons bien dit ; mais il ne nous écoute pas. Répétez-le-lui afin qu'il le comprenne. »

Ainsi parlent ces hommes. Ce qu'ils disent, ils le font. Pour eux, la mort n'est véritablement qu'un passage. Aussi, continuellement en présence de camarades qui vont mourir ou qui meurent ; sous le coup d'une maladie qui les menace eux-mêmes, ils envisagent leur dernière heure avec une tranquillité indéfinissable. Ce matin, je m'arrêtais auprès du lit d'un homme dont la maladie venait de se compliquer d'une rechute fort grave.

« Monsieur l'aumônier, me dit-il, faites-moi la

charité de me donner un citron pour relever le goût de ma tisane.

— Volontiers, je vous le ferai acheter.

— Ah! merci. Eh bien, vous me l'apporterez demain matin quand vous repasserez... »

Et puis, se reprenant comme un homme qui a réfléchi, mais sans changer de voix et avec un naturel charmant :

« Ah! mais demain matin je serai mort. Apportez-le-moi ce soir, je vous prie.

— Mais non, vous ne serez pas mort demain matin, mon enfant.

— Vous croyez, mon Père? Eh bien, soit alors. Le citron pour demain matin. A demain, monsieur l'aumônier. »

Or ne pensez pas que cette conduite soit l'effet d'un stoïcisme stupide; les monstres qui ne croient pas à la vertu pourraient chercher à se l'imaginer; mais je défie leur mauvaise foi elle-même de résister à la conviction que produit le naturel avec lequel se passent de pareilles scènes. Nos soldats ne sont pas insensibles. Ce sont de braves artisans ou paysans au cœur noble et aux sentiments élevés ; leur courage s'explique.

Ils recueillent dans ce moment solennel d'une

guerre lointaine le fruit du travail ignoré de la bonne mère de famille, dont on se moque lorsqu'elle va faire ses prières à l'église, et de l'humble curé de village qui enseigne péniblement le catéchisme à de petits enfants grossiers, en dépit du raisonneur en frac qui hausse les épaules et dit : « A quoi bon? » Ah! à quoi bon le catéchisme qu'on sonne chaque jour de l'hiver dans les quarante mille clochers de la France? Venez en Crimée, et vous rougirez en face de la vertu qui se révèle au fond du cœur de ces jeunes soldats sans lettres, et qui condamne vos vices, à vous qui ne savez pas assez votre catéchisme pour vaincre vos passions honteuses. A quoi bon le catéchisme? — Cela sert à faire aimer son père, sa mère, toute sa famille enfin, et Dieu par-dessus tout ; cela sert à faire connaître le devoir, à faire sacrifier même les jouissances de la vie de famille, à faire préférer la mort si le devoir ou le besoin du pays l'exige. Voilà à quoi sert le catéchisme !

Oh! comme il traduisait bien cette pensée, cet homme qui m'accostait avant-hier soir à la tombée de la nuit et me demandait la permission de faire route avec moi !

« Ce soir, monsieur l'aumônier, après avoir porté

des boulets aux tranchées, j'ai demandé à mon sergent-major la permission de rester un peu en arrière des autres pour aller voir deux jeunes soldats de la cinquième division. Leurs parents m'avaient écrit, à moi le plus ancien troupier du pays, pour me prier de les voir. Je ne les avais pas encore rencontrés depuis que je suis en Crimée. Ne voilà-t-il pas qu'en m'apercevant ils se sont mis à pleurer? Sans doute, ma vue leur rappelait le pays et leur famille. « Mais
« on ne pleure pas pour ça, les enfants, que je leur
« z'ai dit. Oh ! nous ne sommes pas ici pour pleurer.
« Moi aussi j'aime mon pays et ma famille. Tu le
« sais bien, toi, Pierre. Tu sais bien qu'après la mort
« de mon père, à mon retour du service, ma pau-
« vre bonne femme de mère pleurait toute la jour-
« née, parce qu'elle ne savait comment payer une
« dette de quatre cents francs et que de mauvais
« voisins la tracassaient. Eh bien, je me suis engagé
« une seconde fois pour lui gagner un peu d'argent
« à c'te bonne mère. C'est pour ça que je suis en
« Crimée. Aussi pendant l'hiver, lorsque je souffrais
« bien du froid et de la faim, je me disais : — Faut
« pas pleurer. T'as faim, l'ami, et t'as froid, mais
« c'est pour ta vieille mère. Et pendant ce temps-là
« elle se chauffe, la pauvre femme, et elle mange

« tranquillement son pain noir. — Comme me l'a
« dit souvent feu notre ancien curé, quand j'allais
« au catéchisme, celui qui honore son père et sa
« mère vivra éternellement. Ainsi un peu de pa-
« tience, mon tour viendra de me reposer. » — « Je
leur z'ai dit ça, monsieur l'aumônier, et ils n'ont
plus pleuré, et nous avons mangé un morceau de
lard et bu une goutte ensemble, et ils sont retour-
nés à leur corvée. Ah! c'est que, voyez-vous, monsieur l'aumônier, nous sommes d'un pays où les
choses se font bien. En Alsace, on apprend bien
les devoirs de chrétien aux enfants. Ça ne s'oublie
pas ; ça reste toute la vie. »

Il est tard, mon Révérend Père, et le jour me re-
trouverait encore écrivant si je vous rapportais les
ineffables aventures de ce genre qui m'arrivent
journellement. Lorsque, après mon travail, je me
promène à travers les camps, je m'arrête à causer
avec le premier venu. Alors, dans une conversation
tout à fait imprévue, je saisis la nature sur le fait et
j'obtiens des aveux qui me sont une précieuse leçon
de morale.

Mais laissons, pour aujourd'hui, ce sujet inépui-
sable. Aussi bien la longueur de ma lettre, mieux
encore que la nuit avancée, m'avertit que j'ai pres-

que trop parlé. Veuillez excuser ma prolixité. Lorsque le cœur s'en mêle, on maîtrise difficilement sa parole ; et je vous parle de ce à quoi je ne puis songer sans avoir le cœur ému.

Adieu ! Pendant que j'écris, le canon gronde et les échos lointains répètent avec fracas son langage terrible. Depuis huit jours, le feu ne discontinue pas. Les fusées incendiaires de la flotte et des Anglais pleuvent sur la ville. Les bombes ajoutent leurs effroyables explosions à ce spectacle de feu et à ce bruit de tonnerre. Qu'est-ce que cela nous présage ? Le général en chef, qui a donné l'ordre d'agir ainsi, garde pour lui le secret de ses projets ultérieurs. On lui en sait gré. C'est son devoir. Mais chacun se dit à l'oreille : « Ne serait-ce pas l'annonce d'un assaut prochain ? » Alors on se regarde en souriant, et chacun de dire : « Nous sommes prêts. — Si la victoire ne peut s'obtenir sans le sacrifice de notre sang et de notre vie, nous verserons ce sang et nous donnerons cette vie, mais la France sera victorieuse ! »

Adieu, mon Révérend Père ! Priez pour nous. Il faut de la vertu pour donner l'exemple à d'aussi courageux soldats. Les prières nous l'obtiendront. Adieu.

QUATORZIÈME LETTRE

ÉVÉNEMENTS DU MOIS DE MAI.

A M. LE COMTE DE ***

ARMÉE D'ORIENT.
Baie de Kamiesh, 28 mai 1855.

Mon cher ami, nous terminons un mois qui a été fort accidenté. Au mois d'avril on avait tenté un bombardement de Sébastopol. Des causes que je ne saurais assigner, de peur d'être injuste, en ont fait avorter l'effet. Ç'a été un grand chagrin pour l'armée française. On espérait un assaut général, et tous s'y préparaient comme à un jour de fête. C'était un bruit effroyable. La terre tremblait au loin. A une distance de plusieurs kilomètres nous sentions dans la nuit nos petites couchettes ébranlées par le frémissement du sol. Le soir, à la tombée du jour, un grand nombre de curieux s'amoncelaient sur les hauteurs. Alors on jouissait d'un spectacle magique. Sur un ciel pur, auquel le crépuscule donnait une teinte mélancolique, on voyait se dessiner des feux qui se succédaient sans interruption, et puis, de moment en moment, de longues fusées s'élevaient dans les airs, et, décrivant une courbe majestueuse, allaient tomber au milieu de la ville, où elles produisaient l'incendie. Ajoutez à cela le bruit incessant du canon, et vous aurez une idée du spectacle grandiose auquel il nous était donné d'assister. Tout à coup le feu cessa. Un mystère enveloppa les circonstances qui provoquèrent cette mesure. Seulement on commença à dire vaguement que le général Canrobert voulait bientôt donner sa démission, et on s'en émut douloureusement.

Le siége continua donc avec ses travaux d'art et ses attaques nocturnes.

Le 1ᵉʳ mai, on résolut d'attaquer un ouvrage que l'ennemi venait de faire entre le bastion Central et le bastion du Mât. A dix heures du soir, on engagea une belle et magnifique action. « Habilement et vigoureusement conduites, dit l'ordre général, les troupes ont marché avec ordre en même temps qu'avec un irrésistible élan. Elles ont culbuté l'ennemi, l'ont rejeté dans la place; et le génie, dont les périlleux travaux ont été dirigés avec une énergie remarquable par le lieutenant-colonel Guérin, a assuré leur établissement difficile dans l'ouvrage, dont elles ont enlevé l'armement. Le colonel Viennot, du 1er régiment de la légion étrangère, est mort glorieusement l'épée à la main. » Le général de Salles, secondé par les généraux Bazaine et de Lamotte-Rouge, commandait cette action. Le lendemain, l'ennemi tenta vainement de reprendre ses positions. Nous nous y établîmes au contraire fortement. Ce ne fut pas sans peine cependant. Les balles et les obus pleuvaient sur nos travailleurs. Un jeune lieutenant donna à ce propos un bel exemple Comme ses hommes paraissaient déconcertés sous le feu de la place, il monta hardiment sur le parapet, et, les bras croisés, il resta immobile à travers la mitraille, en disant à ses hommes ébahis : « Ce n'est rien; vous le voyez bien. » Ce jeune héros a succombé depuis en continuant à faire aussi noblement son devoir.

Dans la nuit du 12 au 13 mai, l'ennemi fit une autre sortie. Il attaqua simultanément les Français et les Anglais dans leurs travaux au-dessous du mamelon Vert. Il fut encore glorieusement repoussé.

Bientôt après, le 19, un ordre du jour parut qui annonçait la démission du général Canrobert. Sans vouloir faire tort à son successeur, dont les preuves étaient faites, on regretta sincèrement la démarche de celui qui, dans une campagne d'hiver horriblement difficile, avait su gagner l'affection de l'armée à laquelle il demandait des sacrifices immenses. Il avait donné l'exemple du courage. Il n'avait pas imposé une privation qu'il ne la subît le premier. Il avait été bon pour le soldat en santé, charitable et même touchant dans la visite des ambulances. Assidu au travail, dur à lui-même, ne songeant pas même à se faire construire un abri lorsqu'il en avait les moyens, voulant donner l'exemple de la lutte contre les éléments comme il savait donner celui de la bravoure en face de l'ennemi; il terminait l'exercice de son autorité suprême par l'exemple d'un noble désintéressement. L'admiration générale accueillit son ordre du jour, et les regrets unanimes furent la plus belle couronne tressée en l'honneur de celui qui, après avoir essuyé les fatigues de la lutte, cédait noblement à un autre la gloire de la conquête. L'histoire gardera ce souvenir. Un général, dont j'estime la valeur, me disait : « J'aimerais mieux avoir fait, avec les mêmes circonstances, ce que vient de faire le général Canrobert que d'avoir pris Sébastopol. »

Du 22 au 24 mai, nous avons eu des actions sanglantes. Dieu nous garde d'avoir à recommencer souvent. De tels succès coûtent trop de sang.

Le rapport officiel du prince Gortschakoff porte les pertes de l'ennemi à deux mille cinq cents quatorze hommes. Le chiffre officiel de nos blessés et de nos morts n'est pas connu. Mais le nombre des hommes entrés à l'ambulance est incroyable. Les vêtements de ces pauvres victimes sont souillés de sang et de boue. On voit qu'ils ont été renversés à terre, foulés aux pieds, harcelés par la baïonnette. Des jambes sont emportées, des bras cassés, des mâchoires fracassées. Cela ne pouvait être autrement. Il s'agissait d'enlever aux Russes une position formidable élevée contre nous et fortifiée comme par enchantement. L'espace du combat était donc restreint. On était les uns sur les autres. La mêlée était effroyable. La nuit ne permettait pas de distinguer l'ami d'avec l'ennemi. On devait quelquefois frapper au hasard. Des deux côtés l'acharnement était extrême. Après la première lutte, il était mort tant de Russes, que le général Osten-Sacken demanda un armistice pour les enterrer.

Mais il fut impossible de l'accorder. Notre succès était trop incomplet. On préparait la seconde attaque, qui nous a rendus maîtres absolus de la position.

Je ne sais si une pensée chevaleresque fut le mobile de cette noble revanche; mais, le 25 mai, le général Canrobert, à la tête de la première et de la seconde division du deuxième corps, essaya de reprendre les positions perdues par les Tunisiens à la bataille de Balaklava. L'une d'entre elles portait son nom, si vous vous en souvenez. L'heureux général sut communiquer à ses troupes l'élan qui l'animait. On poursuivit les Russes jusqu'au delà de la rivière, et lorsque sonna la retraite, on vint camper glorieusement sur les rives de la Tchernaïa, que nous ne quitterons plus.

Adieu. Nous avançons et nos espérances s'augmentent. Vienne le jour où la Provience mettra le comble à nos vœux!

QUINZIÈME LETTRE

LE SENTIMENT RELIGIEUX DANS L'ARMÉE.

AU DIRECTEUR DES PRÉCIS HISTORIQUES, A BRUXELLES.

ARMÉE D'ORIENT.
28 mai 1855.

Mon Révérend Père.

Cette fois-ci, j'ai mis un peu de retard dans ma correspondance. Vous serez indulgent pour moi et vous me pardonnerez. La faute est tout entière à l'hôte incommode qui est venu, malgré moi, s'installer sous ma tente et m'y retenir captif dans les étreintes d'une tyrannie sans pareille. Le typhus est le nom de ce tyran. Imputez-lui mon apparente négligence; mais ne le maudissez pas cependant. car, après tout, la maladie comme la mort sont les dons de Dieu, et nous devons recevoir avec la même reconnaissance la douleur et la santé.

Depuis ma dernière lettre, de grands événements se sont passés sur notre terre de Crimée. Un exemple digne de l'héroïque vertu des chevaliers religieux et militaires nous a été donné. Nous avons vu un homme placé au plus haut de l'échelle sociale résigner son commandement entre les mains d'un autre, reprendre un rang inférieur et dire à ceux qui paraissaient surpris : « Pourquoi vous étonner ? Lorsqu'on aime son pays, est-il un sacrifice devant lequel il soit permis de reculer ? »

Depuis ce temps-là aussi la température, devenue plus constamment fixe, a permis de profiter des nombreux travaux de l'hiver et de pousser les opérations militaires avec énergie. Selon mon usage, je ne vous raconterai pas nos succès ; les journaux officiels vous en donneront le détail avec plus d'intelligence et d'exactitude. Je me contenterai de vous dire que le moral des troupes, déjà si beau, se relève encore davantage par la presque certitude du triomphe. Nous en sommes arrivés à un point où l'on ne doute plus de rien.

« Que feriez-vous, disait dernièrement un de mes amis à un commandant de navire, si la flotte russe vous surprenait tout à coup sans que vos batteries fussent armées ?

— J'irais à l'abordage, » répondit le commandant sans une minute d'hésitation. Cette parole est la traduction du sentiment général des deux armées de terre et de mer. Aucune surprise des Russes, nulle attaque, si formidable qu'elle fût, ne sauraient déconcerter nos troupes. Aller au combat est, dans l'opinion commune, marcher à la victoire. Et l'expression si souvent répétée de cette noble confiance dans le succès n'est pas une de ces bravades de troupier que dément l'expérience. Non! elle est le fruit d'un calcul parfaitement raisonné. On ne doute pas du triomphe, mais on n'oublie pas non plus les périls dont il sera le prix. On sait que beaucoup resteront sur le champ de bataille. Chacun dit avec sang-froid: « Je serai peut-être une des victimes, mais qu'importe si c'est pour le salut commun? » Déjà, nous avons vu bien des exemples d'hommes qui se sont faits tuer ou se sont exposés à une mort certaine pour le salut de leurs camarades. Je ne parle pas seulement des champs de bataille. Des théâtres bien moins brillants ont donné le même exemple d'héroïsme. Il y a quelques semaines, le général Canrobert mettait à l'ordre du jour un soldat nommé Davoine, et lui accordait la médaille militaire. Davoine était dans la tranchée avec un certain nombre de camarades. Tout à coup un projectile creux tombe au milieu du groupe. La mèche est fumante. Un éclat est imminent; il va renverser plusieurs hommes cruellement blessés ou peut-être frappés à mort. L'intrépide soldat saisit le projectile dans ses deux mains et le jette sur le revers de la tranchée, où il éclate sans accident pour personne. N'est-ce pas que nos soldats sont bien dans la disposition dont je parlais il y a quelques semaines? *Animam suam ponit pro amicis suis.* Il donne sa vie pour ses amis.

Je cite ces détails avec complaisance, parce qu'ils doivent consoler le cœur de beaucoup de pauvres mères dont les fils sont surpris par une mort subite en plein champ de bataille. C'est une grande désolation pour elles de songer que leurs enfants n'ont pas eu le temps de se reconnaître au dernier moment. Eh bien, à plusieurs d'entre elles on peut dire : « Espérez! car la charité est une des vertus qui touchent davantage le cœur de Dieu, et sans doute le dévouement de votre enfant, joint à vos prières, lui auront obtenu une de ces grâces sur lesquelles il ne faut jamais compter avec présomption, mais que l'Église permet d'espérer dans certaines circonstances données. »

Beaucoup de familles éplorées, apprenant la mort d'un de leurs membres, se rappellent seulement les chants, les danses et les mille folies du jeune homme qui vint leur dire adieu avec un chapeau garni de rubans aux mille couleurs et les dehors d'une sorte d'ivresse. On s'imagine alors que la vie du soldat est tout entière conforme au jour du départ. Non! non! Il y a des moments sérieux au milieu de la dissipation des camps. On songe alors à l'éternité et on se recommande à Dieu de toute son âme. Bien souvent les soldats nouvellement réconciliés avec Dieu nous font à ce sujet des questions qui supposent des réflexions antécédentes et des conversations avec les camarades. D'autres fois des dialogues entendus par hasard et sans les chercher nous donnent une preuve non équivoque des préoccupations religieuses d'un grand nombre. Dans les premiers jours de notre installation en Crimée, je passais près du camp du génie. Trois soldats causaient derrière une haie.

« Ah! voilà un aumônier! dit l'un d'eux en me voyant.

— C'est bon, répondit un autre. Le malheur est que, au jour du combat, chacun n'a pas le sien, et il peut fort bien arriver qu'on soit frappé lorsque le prêtre console un blessé à l'autre bout du champ de bataille.

— C'est vrai, reprit un autre, mais alors on a toujours la ressource de se recommander de tout son cœur à la sainte Vierge et de faire un acte de contrition.

— Tu le sais bien, toi, mon pays, ajouta l'interlocuteur en étendant la main vers un soldat qui n'avait pas encore parlé; quand nous étions au catéchisme ensemble, M. le curé nous a appris que, dans le cas où il était *impossible* de se confesser, la contrition parfaite suffisait. »

Cette conversation m'intéressait d'autant plus, que nos troupiers ne croyaient pas être entendus. Je ralentissais le pas de mon cheval pour en jouir plus longtemps, mais enfin je dus me résigner à perdre le fil du discours.

Un brave soldat breton m'arrête sur le chemin.

« Monsieur l'abbé, qu'en pensez-vous? Hier, mon camarade a été tué près de moi à la tranchée. Je songeais tout à l'heure que la même chose pouvait bien m'arriver demain et je me disais : « Si d'ici là je ve-« nais à commettre un péché mortel sans pouvoir me « confesser, où irais-je? » Je frissonnais. Et cependant je me disais : « Est-il possible que je sois dam-« né? » Tenez, monsieur l'aumônier, en deux mots voilà mon histoire. Je me suis pour la seconde fois engagé volontairement dans l'armée afin de pouvoir donner quatorze cents francs à ma pauvre vieille mère qui avait de la peine à vivre. Je ne pense qu'à elle. Si je désire retourner en France, c'est pour elle. Est-ce que, dans le cas de nécessité, je ne pourrais pas espérer du bon Dieu la grâce de la contrition parfaite? »

Je fis entendre à cet excellent fils que la prière pouvait le préserver de toute faute grave, et que c'était le parti le plus sûr. Mais, en cas d'un malheur imprévu, n'avait-il pas quelque raison de compter sur une grâce spéciale de Dieu?

Nous avons, il est vrai, de jeunes étourdis qui poussent un peu trop loin leur confiance en la miséricorde divine. Un soir de cet hiver, à la brume, entre chien et loup, j'étais sur le bord d'une petite boutique, occupé à marchander je ne sais quoi. Deux chasseurs arrivent et demandent à boire.

« Nous ne pouvons pas vous en donner, répondent les marchands. L'heure est passée. Défense de donner du vin à cette heure-ci.

— Comment! fatigués comme nous le sommes, nous nous en irons sans boire! » s'écrie le chasseur.

Et il accompagne son exclamation d'un blasphème épouvantable.

« Est-ce qu'on jure comme cela, mon enfant? lui dis-je en lui frappant doucement la joue.

— Ah! pardon, monsieur le curé, fit le soldat en ôtant respectueusement son képi; je ne vous voyais pas dans l'obscurité. Si j'avais su que vous fussiez là, je ne me serais pas permis de jurer.

— Enfant!... mais ce n'est pas moi que vous avez offensé en jurant, c'est le bon Dieu.

— Oh! pour le bon Dieu, assurément non, monsieur l'abbé. Le bon Dieu sait bien ce que c'est qu'un pauvre troupier. Voyez-vous! nous ne sommes pas méchants nous autres, nous ne voulons pas offenser Dieu; il le voit bien.

— Cependant vous l'offensez, tout en disant que vous ne voulez pas le faire!

— Oh! non, monsieur l'abbé. Le bon Dieu a une balance où il pèse l'intention des hommes plus que leurs paroles. C'est là-dessus que je compte pour mon jugement. »

Tout en devisant ainsi, le troupier venait à ma tente, où je lui donnai à boire pour l'aider à faire sa route. Il partit en me promettant de ne plus jurer, *même par habitude et sans mauvaise intention.* Je crains bien qu'il n'ait recommencé une demi-heure après.

Toute espèce d'occasion et les circonstances les plus imprévues nous amènent à constater l'habitude du sentiment religieux dans le cœur de nos soldats. L'exaltation de la fièvre leur fait souvent prononcer à ce propos des paroles si sensées et si bien suivies, qu'il est difficile de ne pas y reconnaître le résultat de réflexions mûries précédemment. Je ne vous citerai pas pour exemple ce pauvre fiévreux chantant sur son lit de mort le cantique : *Vive Jésus! vive sa croix!* et disant à ses camarades : « Allons, amis, remerciez Dieu de ce que je vais mourir. Quel bonheur d'avoir été appelé sur cette terre de Crimée à donner ma vie pour mon pays! Je vais au ciel, Dieu soit béni. »

Je ne vous parlerai pas non plus de cet Irlandais qui s'était brisé une jambe et qui, poussé par le délire, courait dans la salle en se soutenant tant bien que mal sur sa jambe cassée, s'armait d'un bâton, cherchait à tuer tout le monde et se calmait immédiatement en ma présence. Je prolongerais indéfiniment cette lettre s'il fallait tout citer. Je me contenterai de vous raconter le stratagème d'un vieux caporal à barbe grise peu dévot de son naturel. Ennuyé de se sentir réveillé par des infirmiers qui ne pouvaient pas venir à bout de quelques malades dont le délire augmentait avec la nuit, il s'était imaginé de m'envoyer chercher toutes les fois qu'un nouvel accident se présentait. Alors on frappait à la porte de ma tente, en me disant : « Un malade vous demande. »

Et quel n'était pas mon étonnement en me voyant conduit auprès d'un frénétique !

« Mais il ne me demande pas, disais-je; il ne sait pas ce qu'il fait.

— C'est vrai, monsieur l'abbé, répondait le caporal. Mais j'ai remarqué combien les malades respectaient l'aumônier ; alors j'ai songé à vous faire appeler pour que vous imposiez à ce pauvre insensé. »

Et, en effet, plusieurs fois ma présence et la vue de la croix calmèrent ces pauvres gens.

Au milieu de nos consolations, nous avons aussi des douleurs, et en voyant la mort frapper tant de têtes, il nous est difficile de nous défendre contre certains regrets inspirés par la perte de nos amis. A l'heure actuelle, nous avons encore le cœur brisé par la perte de deux de nos aumôniers enlevés en huit jours de temps à notre affection et aux malheureux qu'ils soulageaient. Fénelon a dit quelque part : « Le champ de bataille des prêtres, ce sont les hôpitaux, surtout dans le temps des épidémies. »

En Crimée, nous avons deux champs de bataille; aussi ne nous étonnons-nous pas si, depuis l'ouverture de la campagne, trois d'entre nous ont été conduits aux portes de la mort et quatre autres ont succombé. Seulement nous les pleurons par l'effet d'un sentiment bien légitime. La première victime de l'aumônerie fut un digne ecclésiastique, âgé de cinquante ans, ancien aumônier de l'armée, qui, pour toute récompense de ses anciens services, avait demandé la grâce d'aller se dévouer encore pendant ses derniers jours. Après lui, un autre prêtre, accompagnant des cholériques à Constantinople, fut pris de la maladie de ceux qu'il consolait et mourut en arrivant dans le Bosphore. Enfin, dans ces derniers jours, nous avions reçu avec bonheur M. l'abbé de Geslin, jeune ecclésiastique dont les vertus faisaient espérer de nombreux et utiles services pour l'armée. Un mois à peine de séjour en Crimée a suffi pour détruire sa brillante santé, et il est mort en offrant sa vie pour le bonheur de son pays et de sa famille. Huit jours après, cette tombe était à peine fermée, qu'un courrier de Constantinople m'annonçait la mort du R. P. Gloriot. Depuis quelques jours, ce Père avait été nommé aumônier général du second corps d'armée. Nous l'attendions avec impatience. Chaque navire entrant dans le port me semblait devoir l'apporter; mais la Providence en avait disposé autrement. En quatre jours, l'implacable typhus avait encore fait une nouvelle victime, et nous avions à pleurer un homme que ses vertus et ses talents avaient fait estimer par de nombreux amis. Vous le voyez, mon Révérend Père, chacun paye son tribut sur cette terre inhospitalière, et tous les dévouements se mêlent sur l'autel du sacrifice en faveur de notre pays[1].

---

[1] La *Presse* d'Orient publie la notice biographique suivante sur les deux aumôniers, le R. P. Gloriot et l'abbé de Geslin :

« Le P. Gloriot naquit à Pontarlier, département du Doubs, en 1810. Un de ses oncles, qui était membre de la Compagnie de Jésus, prit soin de son éducation et le fit entrer au collége de Saint-Acheul. Après des études brillantes, il fut admis à faire son noviciat. Devenu membre de la Compagnie de Jésus, il alla à Fribourg, en Suisse, dans le fameux collége que son ordre y possédait. Il y est demeuré l'espace de dix-sept à dix-huit ans, occupé à parcourir la carrière non moins longue qu'épineuse de tout l'enseignement collégial. Au moment où la révolution suisse vint fermer cet établissement, il était professeur des hautes études.

« Obligé de quitter la Suisse, le P. Gloriot revint en France. Le projet d'un collége à Dôle lui réussit à merveille, grâce à la protection de personnes influentes. Il en était le supérieur, quand le succès de certaines prédications vint le faire changer de carrière. Lorsque la campagne d'Orient fut résolue, il se trouvait à Paris, prêchant dans l'église de Notre-Dame-de-Lorette. Le maréchal Saint-Arnaud eut occasion de le voir et le demanda à ses supérieurs. Après une petite excursion à Constantinople, le

Pour ne pas terminer ma lettre par de tristes souvenirs, je répondrai à une de vos questions sur la manière dont on célèbre parmi nous les grandes solennités de la religion.

P. Gloriot se trouvait de retour à Gallipoli, juste au moment où le choléra exerçait d'affreux ravages dans le camp français. Il fut admirable de courage et de zèle auprès des malades. Quand la maladie eut disparu, il vint à Constantinople rétablir des forces prêtes à lui faire défaut. Le repos qu'il prit à l'hôpital civil français, les soins qu'en eurent les Sœurs de Charité, les distractions que lui procurèrent certaines fonctions en ville, telles que retraites et missions, le mirent bientôt à même de reprendre un emploi dans l'armée. Il désira faire le service spirituel du grand hôpital de Péra, où se trouvait un prêtre lazariste. Sa demande fut agréée.

« Lorsque les restes du maréchal arrivèrent à Constantinople, l'abbé Ferrari, aumônier adjoint à l'aumônier en chef, fut prié de les accompagner en France. Il était déjà installé sur la frégate depuis quelques heures lorsque, à la suite d'une visite de condoléance du P. Gloriot à la maréchale, cet honneur lui fut déféré. M. l'abbé Ferrari continua donc d'accompagner les blessés et les malades qu'on évacuait de la Crimée sur Constantinople, jusqu'au moment où Dieu vint le prendre au milieu de ses extraordinaires fatigues. De son côté, le P. Gloriot fit un voyage en France et reçut la croix d'honneur des mains de l'Empereur.

« L'hôpital de Péra n'était pas demeuré sans aumônier. Un prêtre lazariste y fut encore une fois déployer son zèle jusqu'au moment où arriva M. de Geslin. M. de Geslin, que la mort devait enlever si vite à l'armée française, fut donc provisoirement aumônier de l'hôpital de Péra. A son retour de France, le P. Gloriot demanda et obtint de l'avoir avec lui; mais l'administration crut devoir les séparer. Plusieurs hôpitaux manquaient d'aumôniers.

« M. l'abbé de Geslin était de Metz. Homme d'un grand ta-

Ne vous attendez pas à ce que je vous dise que tout est réglé d'avance et que les divins offices se font avec une de ces solennités imposantes et poétiques que dépeint si gracieusement la plume de

lent, mais surtout d'un excellent caractère, il gagnait les cœurs de tous ceux qui avaient l'occasion de le connaître. Transféré de l'hôpital de Péra à celui de Gulhané, il y est demeuré environ trois mois, jusqu'au moment où il dut aller remplacer l'abbé de Ribens dans les fonctions d'adjoint de l'aumônier en chef. La nouvelle de sa mort est arrivée au P. Gloriot quelques heures seulement avant qu'il mourût lui-même, à la suite d'une congestion cérébrale.

« Le P. Gloriot avait été, lui aussi, mandé à Sébastopol pour être l'aumônier en chef d'un corps d'armée. Mais cette nomination le contrariait fort. Il en attendait une autre remplie d'inconvénients, de fatigues et de labeurs pénibles. Sa nomination d'aumônier en chef des hôpitaux de Constantinople vint en effet. Mais cette nomination n'entrait pas dans les desseins de Dieu, qui le retira de ce monde quelques heures avant que les pièces officielles pussent lui être remises.

« C'est le quatrième aumônier que l'armée d'Orient vient de perdre. Le P. Gloriot est enseveli dans les caveaux de l'archevêché; l'abbé Ferrari, dans ceux des prêtres lazaristes; l'abbé de Geslin repose à Sébastopol, et le quatrième, dont nous ignorons le nom, à Varna, en Bulgarie. »

On lit dans le *Vœu national* de Metz :

« M. l'abbé de Geslin, ancien vicaire à Saint-Martin, et qui, sur sa demande, avait été nommé aumônier à l'armée d'Orient, a succombé le 18 mai, devant Sébastopol, aux atteintes de la fièvre typhoïde. Il est mort dans les bras de M. l'abbé Weber, qui partageait avec lui les travaux apostoliques, et de M. le comte de Geslin, son frère, capitaine de chasseurs. Pendant plusieurs mois, aux hôpitaux de Constantinople et dans ses fonctions à l'armée, M. l'abbé de Geslin a donné des preuves de ce dévouement

13.

M. de Chateaubriand. Les incertitudes de la guerre ne permettent rien de tout cela, et d'ailleurs le mauvais temps de l'hiver rendait, jusqu'ici, toute réunion nombreuse impossible. Mais de nobles exemples donnés avec simplicité et des actions

absolu, de ce zèle admirable qui ont rendu si chers à l'armée les apôtres d'une religion de paix, d'amour et de fraternité. M. l'abbé de Geslin n'était âgé que de vingt-huit ans, et c'est lui-même qui a, en quelque sorte, demandé comme une faveur d'accomplir le sacrifice d'une vie si pleine d'avenir! La nouvelle de cette mort, si cruellement prématurée, a été un coup bien cruel pour sa digne et respectable famille; elle a causé les plus pénibles impressions dans notre ville, où il était si honorablement connu; dans la paroisse Saint-Martin, où il était si généralement aimé et estimé. L'abbé Maurice de Geslin était fils du comte de Geslin, ancien maréchal des logis du roi, dont nous avons, il y a peu de temps, déploré la perte. »

On lit dans une correspondance de Constantinople, adressée à la *Presse* :

« Tous les officiers de l'armée et de l'administration étaient réunis devant la tombe d'un des aumôniers de l'expédition, l'abbé Ferrari, deuxième aumônier de l'état-major. On peut dire de lui qu'il est mort au champ d'honneur. L'abbé Ferrari avait fait, depuis un mois, quatre fois le trajet si pénible de la Crimée à Constantinople pour accompagner des blessés et des malades. Sa constitution chétive et nerveuse n'a pu résister à ces fatigues et à ces impressions. Il y a six jours, l'abbé Ferrari a été frappé du choléra à bord du *Titan*, en arrivant dans notre port. Transporté mourant chez les Lazaristes, à Saint-Benoît, il a pu, par les soins du docteur Lévy, recouvrer pour deux jours la chaleur et la raison. Le docteur Lévy a retracé cette vie si pleine de bons services et si courte d'années. C'était un spectacle curieux et un grand enseignement que de voir ici, à Constantinople, dans une église

courageuses faites sans emphase ont dû réjouir Dieu bien plus que l'éclat d'une cérémonie de commande. Ainsi, chaque dimanche, cet hiver, vous auriez vu, sur les neuf heures, le général en chef,

catholique, un israélite prononçant l'oraison funèbre d'un prêtre chrétien. »

Voici ce discours du docteur Michel Lévy, inspecteur-directeur du service de santé de l'armée d'Orient :

« L'armée d'Orient compte un martyr : l'aumônier de l'hôpital de Varna, l'aumônier des cholériques, le consolateur des plus cruelles agonies, vient de succomber lui-même à la maladie qu'il a si longtemps bravée en Bulgarie, en Crimée et sur les navires qui portent nos malades de la plage de Kamiesh aux hôpitaux de Constantinople.

« Pendant toute la durée de l'horrible épidémie de Varna, M. Ferrari a été un modèle de courage simple et modeste, de bienveillance et d'abnégation. Du matin au soir, il assistait les malheureux qui mouraient en grand nombre; ses consolations, ses prières, n'ont manqué à aucun d'eux. D'une constitution délicate et frêle, il puisait dans son zèle les forces que lui refusait son organisation. Notre étonnement de chaque jour, notre anxiété était de le voir résister à tant de fatigues, à tant de périls.

« Parfois sa figure trahissait, malgré lui, la souffrance et l'épuisement; jamais il n'a voulu s'arrêter, se reposer, malgré les instances des médecins, qui, tous devenus ses amis, l'entouraient d'égards et de vénération. Quand il n'avait plus la force de se tenir près des malades, il s'asseyait sur leur lit, et, penché vers leur bouche, il aspirait le souffle de leurs confessions et de leurs derniers vœux; il souriait à leurs derniers regards, et, assisté des bonnes sœurs de Saint-Vincent, il leur rendait en ce moment suprême comme une image de la famille absente.

« Durant ces longs jours de consternation et de deuil, il n'a éprouvé qu'une seule inquiétude, il n'a eu qu'un seul jour de préoccupation : touchés de l'état de sa santé, émus de la contien grand uniforme, traverser la neige et se baisser pour entrer dans la cahute où l'aumônier supérieur avait été obligé de dresser un autel à côté de son lit. A sa suite un brillant état-major, les aides de

nuité d'un dévouement au-dessus de la puissance humaine, ses chefs avaient songé à le déplacer, à le tirer de l'atmosphère brûlante et infecte de Varna, pour l'envoyer, dans les camps situés sur les plateaux qui dominent la ville, respirer un air plus pur et goûter un peu de tranquillité. Cette sollicitude lui fut un tourment : il craignait de laisser incomplète l'œuvre de sa douce charité.

Cet hôpital de Varna, qui était devenu un mortel foyer d'infection, était le milieu où son âme respirait à l'aise. Le danger, il ne le sentait point; l'affaiblissement physique, il n'en tenait pas compte. Mêlé sympathiquement aux officiers de santé, aimé des malades, respecté des infirmiers, heureux de s'exposer pour l'accomplissement de son ministère de paix et d'amour, que lui importaient les émanations plus ou moins délétères? Trois médecins, une sœur de charité, dix-neuf infirmiers, avaient été enlevés par le fléau, et il ne voyait en ces pertes qu'un motif de redoubler d'efforts et de persévérance.

« Il me pria en particulier d'intervenir pour assurer son maintien à l'hôpital de Varna; je m'adressai à M. le colonel Trochu, et cette récompense (ainsi s'exprimait M. l'abbé Ferrari) lui fut accordée. C'est la seule qui ait couronné dans ce monde l'héroïsme du jeune et noble prêtre. Non que l'autorité militaire et administrative ne l'ait admiré comme nous tous, ne l'ait signalé dignement au gouvernement, n'ait sollicité pour lui une distinction que le modeste aumônier aurait été heureux de montrer à son vieux père; mais un retard inexpliqué aura privé le fils pieux de cette satisfaction inutile au prêtre.

« Un seul trait encore pour peindre cette nature à la fois suave et forte, indulgente et dévouée. Dans les derniers jours de juillet, les cholériques affluaient, les salles s'encombraient à l'hôpital

camp et plusieurs autres officiers se pressaient dans la cabane pour participer aux saints mystères. Le Dieu de Bethléem devait, ce me semble, préférer cette marque de dévotion à beaucoup d'autres.

de Varna. Dans une de mes visites, affligé de voir dans un local restreint six rangs de lits occupés par ces malades, je délibérais avec des confrères de l'établissement sur les moyens de diminuer l'encombrement, d'isoler les cholériques, quand un jeune aumônier, que je n'avais pas aperçu d'abord, sortit d'entre les lits pour venir m'offrir, dans les termes les plus obligeants, le local spacieux de la chapelle; il m'y conduisit immédiatement pour en évaluer la contenance, et, quelques heures après, nous pouvions constituer avec cette salle et deux autres attenantes un service distinct pour le traitement de l'épidémie.

« Embarqué pour la Crimée, M. Ferrari a suivi les phases de cette difficile campagne; et, quand durent commencer les évacuations de blessés et de fiévreux sur Constantinople, il fut chargé de les accompagner à travers la mer Noire. Quatre fois le pauvre et digne aumônier a parcouru dans les deux sens cette mer par une saison de tempêtes et de gros temps, soignant et consolant les malades, saluant de ses prières les funérailles expéditives qui ont marqué chaque traversée. Au retour de l'un de ses laborieux pèlerinages, je l'ai revu, il y a quinze jours à peine, sinon plus robuste, au moins valide encore, malgré des fatigues disproportionnées et conservant, malgré la monotone tristesse de ces navigations répétées, la sérénité, le contentement, la mansuétude, et je ne sais quelle grâce d'esprit et de cœur qui lui étaient propres. Il revenait encore une fois de Kamiesh, le 6 de ce mois, à bord du *Titan*, en sa compagnie accoutumée de blessés et de malades; il prodiguait ses soins à quelques cholériques qui s'y trouvaient mêlés, quand il sentit lui-même les premiers symptômes de cette maladie.

« Arrivé dans le port de Constantinople, il demanda à être transporté dans la maison de ses amis, MM. les Lazaristes, et

Le vendredi saint, une foule de soldats ont voulu faire maigre. C'était difficile. Le gouvernement n'aurait pas pu leur donner les aliments nécessaires. N'importe.

« Allons à la plage, disait un artilleur à ses ca-

c'est là que je fus appelé le même jour, entre neuf et dix heures du soir, à lui donner quelques conseils, hélas! impuissants et tardifs; l'atteinte était d'autant plus grave, qu'il avait subi de longue date une débilitation plus profonde. Après une lueur d'amélioration, le pieux et modeste aumônier de Varna s'est affaissé, et le 7 décembre au soir, il a rendu à Dieu sa belle âme, dont il est permis de dire, avec l'Écriture, qu'elle appartenait à cette élite des âmes *quarum mundus non erat dignus*.

« Le choléra s'atténue et disparaît de l'armée d'Orient; il ne produit plus, çà et là, que des cas rares et tempérés, dernières étincelles d'un foyer qui s'éteint... et c'est à ce moment qu'il nous enlève notre collaborateur le plus héroïque des hôpitaux et ambulances de Varna. Voilà ce qui frappe le plus, dans cette perte aussi douloureuse qu'inattendue, ceux qui envisagent les éventualités humaines. Une sorte d'immunité semblait acquise à cette organisation physiquement chétive, moralement énergique, exercée à la familiarité du fléau, trempée dans les ardeurs d'une angélique charité. Mais quelle fin triomphale pour celui qui, après avoir béni à leur dernière heure des milliers de cholériques, tombe enfin sur le champ de bataille du médecin et du prêtre, épuisé, non de zèle et de dévouement, mais de force et de vitalité!

« Dieu a jugé sans doute qu'il avait assez fait pour obtenir la récompense qui l'attendait; il a trouvé que sa journée était pleine; il a marqué au voyageur le terme de ses courses; il l'a surpris dans l'accomplissement de sa sainte et courageuse mission parmi les derniers cholériques de l'armée. Il nous aura été donné de l'admirer au début et pendant les plus grandes rigueurs de l'épidémie d'Orient, et de l'admirer encore, doux et résigné, dans

marades, derrière lesquels je marchais, nous achèterons des harengs.

— Mais c'est trop cher pour nos bourses, répond un autre.

— Comment, tu voudrais donc faire gras un vendredi saint?

les étreintes du fléau qui semble choisir ses dernières victimes. L'armée perd un noble serviteur, les médecins militaires un ami, les malades un père! Que sa mémoire demeure parmi nous comme une émanation féconde de ses vertus, comme un salutaire exemple d'abnégation et de sacrifice! »

Non-seulement la religion, mais aussi l'État reconnaît les services rendus à la France par ces infatigables ouvriers de la vigne du Sauveur. Parmi les aumôniers de l'armée d'Orient qui ont été décorés, on doit mentionner M. l'abbé Stalter, chanoine d'Alger, dont le dévouement était déjà connu des soldats depuis plus de quinze ans, et qui avait fait avec eux sur la terre d'Afrique le glorieux apprentissage de ce courage ferme et de cette noble abnégation qui les honorent en ce moment sur les plages de la Crimée. Voici comment le maréchal Bugeaud appréciait les services rendus par ce prêtre distingué, dans un de ses rapports officiels, au retour d'une campagne où furent prises les villes de Tegedempt et de Mascara en 1841 : « Je ne dois pas oublier ici M. l'abbé Stalter, envoyé, sur mon autorisation, par Mgr l'évêque, pour remplir les fonctions d'aumônier près de l'ambulance. Ce jeune et digne ecclésiastique est resté au milieu des balles, à toutes les affaires d'arrière-garde; mais il s'est surtout distingué dans le combat du 1er juin, par le courage qu'il a montré et les soins qu'il a donnés aux blessés sur le lieu même de l'action. » En remettant à M. l'abbé Stalter la croix de la Légion d'honneur, M. le général Bosquet, entouré de tout son état-major, lui adressa ces flatteuses paroles, si bien méritées : « Je suis heureux, mon cher aumônier, de pouvoir attacher moi-

— Oh ! je n'y pensais pas ! Ce serait la première fois de ma vie. Allons ! nous ferons maigre, quoi qu'il en coûte. »

La veille de ce grand jour, un capitaine dit à ses soldats :

« Mes amis, c'est demain le vendredi saint, chacun sait ce qu'il a à faire. »

Le lendemain, toute la compagnie fit maigre.

Dieu, cependant, n'a pas toujours été honoré parmi nous par des démonstrations isolées ou sans éclat. Aux jours où l'armée était campée à Gallipoli et à Varna, la messe militaire se disait avec pompe, en face d'une assemblée nombreuse ; et les Turcs ont vu nos valeureux soldats rendre un hommage solennel au Dieu du Calvaire.

Un jour, surtout, la conduite d'un de nos géné-

---

même sur votre poitrine cette croix éclose dans les steppes pestilentiels de la Dobrutscha, et teinte du sang de nos braves sur les champs de bataille de l'Alma et d'Inkermann. »

Les journaux ont cité les noms de trois aumôniers anglais morts en Crimée : Wheble, dont nous avons parlé à la page 26, M. Canty et M. Sheahan. Ce dernier, qui était dans un état de santé déplorable, avait obtenu un congé ; mais, cédant à une impulsion généreuse, il était revenu au camp. Depuis le commencement du siége, il était le troisième des prêtres catholiques morts devant Sébastopol dans l'exercice de leur ministère.

raux a été admirable. C'était à Andrinople. La seconde division venait d'y arriver. Le général demande s'il n'y a dans le pays ni église ni prêtre catholique. On lui indique au fond du quartier le plus obscur la grange où un pauvre prêtre italien, méprisé de tous les musulmans, faisait pour quelques fidèles les fonctions du culte catholique. Le général veut relever la foi chrétienne aux yeux des mécréants. Dans un vallon délicieux, la rivière ouvre ses bras à une gracieuse oasis qu'elle enlace doucement dans ses flots majestueux. Les sultans ont choisi ce lieu pour y construire un rendez-vous de plaisir. C'est là que s'élèvera l'autel catholique. Les consuls des différentes puissances y seront invités. En effet, le dimanche suivant, toute la division étant sous les armes, le général paraît en grand uniforme, donnant le bras à la femme du consul d'Autriche. Derrière lui sont les consuls et les officiers d'état-major. Alors, au milieu des bosquets fleuris, au milieu de ce temple nouveau, dont le ciel était la voûte et dont vingt mille hommes en armes formaient les murs vivants, ce pauvre prêtre italien, hier encore si méprisé, aujourd'hui revêtu de l'auréole dont l'entourait la foi, parut le calice en main. Il monta les degrés de l'autel, offrit le saint sacrifice et bénit l'auguste assemblée, qui s'inclina sous sa main sacerdotale, au grand étonnement des Turcs accourus de tous côtés pour voir un spectacle si nouveau sur une terre musulmane.

Adieu, mon révérend Père. Priez toujours pour nous. A mesure que les événements se pressent, nous ne pouvons savoir par quelles péripéties nous passerons pour arriver à la victoire. Continuez donc à demander pour nous force et courage. Adieu.

SEIZIÈME LETTRE

LE MAMELON-VERT.

A M. LE COMTE DE ***.

ARMÉE D'ORIENT.
Baie de Kamiesh, 8 juin 1855.

Je ne sais, mon cher ami, si nous touchons au moment désigné par la Providence pour le triomphe de nos armes, mais une suite d'avantages successifs vient aider notre courage et fortifier nos espérances.

Un ordre du jour nous annonçait dernièrement un beau succès dans la mer d'Azof. J'en attends le détail avec impatience pour vous le transmettre; et voilà qu'un nouvel ordre proclame une victoire, brillante par l'éclat qu'elle jette sur nos armes et par la grandeur des résultats obtenus. « Nous venons d'arracher à l'ennemi, dit le général Pélissier, trois redoutes armées d'une puissante artillerie, qui formaient à l'extérieur la principale défense de la place; soixante-deux bouches à feu sont restées entre nos mains; quatre cents prisonniers, dont quatorze officiers, sont en notre pouvoir..... Nous venons de faire, avec le concours de nos braves alliés, un pas décisif vers le but que poursuivent et qu'atteindront, soyez-en sûrs, nos persévérants efforts. »

A l'appui de cette déclaration officielle, je voudrais pouvoir vous donner une idée de la grandeur de notre succès. J'ignore si je pourrai le faire sans parsemer d'inexactitudes un récit de guerre qui n'est pas trop le fait d'un prêtre. J'essayerai cependant; car, après tout, le fond de ma narration sera la vérité. Quelques détails seuls seront peut-être mal rendus.

Il ne s'agissait de rien moins que de trois attaques simultanées parfaitement isolées les unes des autres par des ravins infranchissables, et cependant reliées entre elles par une volonté unique et un même plan.

A notre droite s'élèvent deux redoutes connues parmi nous sous le nom des *Ouvrages blancs*. Un énorme ravin, appelé le ravin du *Carénage*, les sépare d'un monticule fortifié que nous désignons sous le nom de *Mamelon-Vert*. Enfin, de l'autre côté du Mamelon-Vert, un autre ravin, dit de *Karabel-*

naïa, l'isole d'une troisième position russe surnommée par nous l'ouvrage des *Carrières*.

Tel était le but proposé à la valeur de nos troupes.

Le 6 juin, sur les six heures du soir, nos batteries commencèrent un feu terrible. L'ennemi s'y attendait, nous le savions. On l'avait vu tracer une ligne de contre-approche en avant du Mamelon-Vert, et même il en avait semé les abords par des pièces fulminantes habilement dissimulées, que le pied d'un passant faisait éclater avec un grand fracas. Mais nos officiers du génie, instruits à temps, les avaient habilement enlevées. D'un autre côté, le général Canrobert, avec des troupes françaises et une colonne de troupes sardes, avait poussé une reconnaissance jusqu'à Baïdar et s'était convaincu que les Russes avaient concentré leurs forces derrière les retranchements de la ville. Le feu dura toute la nuit. Les Russes nous répondirent avec furie. Le lendemain, nos lignes de gauche s'unirent à celles de droite, et la ville se sentit cernée par un jet de feu continu d'un effet émouvant.

Le moment de l'attaque était venu.

Le général Mayran, à la tête de sa division, se place dans le ravin du Carénage, prêt à s'élancer vers les Ouvrages blancs. Le général de Lavarande et le général de Failly commandent les deux brigades de cette division. Derrière eux, le général de division Dulac avec les deux généraux de Saint-Pol et Bisson forme la réserve.

Devant le Mamelon-Vert, le général Camou établit sa division. Il est secondé par les généraux Wimpffen et Vergé. La division Brunet et deux bataillons de la garde sont envoyés pour appuyer ses colonnes au premier signal qu'il en donnera.

Enfin les Anglais s'établissent devant les *Carrières* sous les ordres du colonel Shirley et du lieutenant-colonel de génie Tylden.

Les généraux en chef étaient sur la redoute Victoria, prêts à donner le signal. Tout à coup cinq fusées jettent leur éclat sur un ciel que la nuit commence à assombrir. Comme sous l'impulsion d'une décharge électrique, nos bataillons s'élancent à travers une grêle de mitraille et bravent le feu combiné de tous les canons de la place.

Voyez-vous déjà sur le revers des redoutes des Ouvrages blancs, d'un côté le général de Lavarande, et, de l'autre, le général de Failly? Leurs brigades sont en face de l'ennemi. L'usage des armes à feu n'est déjà plus possible. Une lutte corps à corps est pour les Russes l'unique moyen de salut. Cependant ni la force de ces rudes habitants du Nord, ni les promesses prophétiques de leurs popes, ne les sauveront. La main des Français est sur eux. Qu'ils tombent et que les débris de leurs bataillons écrasés s'en aillent porter jusque dans la ville l'effroi de leur défaite. Mais non ; ils n'y parviendront même pas. Le général Mayran les refoulera loin d'une petite redoute, où ils cherchent vainement un abri, tandis que le lieutenant-colonel d'Orion, par un mouvement tournant habilement combiné, arrêtera les fuyards et nous ramènera douze officiers et quatre cents hommes prisonniers.

Pourquoi faut-il que ce noble succès soit payé par la perte du général de Lavarande, l'un des braves parmi les braves?

Cependant le général de Wimpffen s'est élancé sur le Mamelon-Vert. En vain les mille bouches de la tour Malakoff et du grand Redan vomissent sur sa brigade des torrents de flammes et de projectiles meurtriers. Il passe, il passe comme l'intrépide nageur qui s'efforce d'échapper au tourbillon pour saisir le rivage. Son rivage, à lui, ce sont les redoutes même du Mamelon-Vert, qui croient vainement l'effrayer par leur mitraille. Il a touché la terre promise à sa bravoure. Le colonel de Brancion et le colonel Polhes sont debout sur les parapets et frappent à droite et à gauche l'ennemi qui tombe sous leurs coups, semblable aux épis de blé mûr sous l'action de la grêle. Les Russes sont culbutés, taillés en pièces; le Mamelon-Vert est à nous. Hélas! encore des larmes mêlées aux joies de la victoire. Le colonel de Brancion est étendu parmi les morts. Il est tombé sous une grêle de balles au moment où il plantait son drapeau au cœur de la redoute ennemie.

Nous sommes vainqueurs, et cependant les Russes triomphent. Une impétuosité trop grande a entraîné nos hommes à la poursuite de l'ennemi. Tout à coup un obstacle les arrête. C'est un infranchissable fossé qu'entoure une palissade. Avancer devient impossible. Mais comment revenir sur ses pas? Le feu de l'ennemi coupe le chemin de la retraite. Le Mamelon-Vert n'est pas un abri, car une explosion de poudrière en a fait un vaste foyer d'incendie. Cependant une colonne de troupes fraîches, lancée par l'ennemi, nous menace de front. Le péril est extrême. Heureusement, tandis que la division Brunet s'avance en bon ordre, le général Vergé s'élance avec sa brigade, rallie les bataillons de la première brigade, tient tête à l'ennemi, reprend une seconde fois les positions disputées et s'y maintient en vainqueur.

La troisième attaque n'avait pas été moins heureuse. Les Anglais, maîtres des ouvrages des Carrières, avaient bravé le feu de l'ennemi avec le sang-froid dont eux seuls étaient capables. La victoire encore était à nous de ce côté.

Si le triple succès nous coûta cher; si nous eûmes à déplorer le glorieux malheur de deux mille cinq cents hommes hors de combat, les avantages acquis nous offrirent une source abondante de consolations. La sûreté de nos positions avait gagné de valeur, et les hommes habiles en matière de guerre prétendirent que ces trois redoutes emportées nous garantissaient dans un moment donné la chute de Malakoff et la possession de la cité, boulevard de l'empire colossal qui cherche vainement à se dresser pour jeter parmi nous l'épouvante, comme autrefois Goliath en vue des enfants d'Israël.

A quel jour l'assaut de Malakoff? C'est ce que je ne saurais vous dire. On relève nos morts, on panse nos blessés; et, ce triste devoir une fois rempli, sans doute nous tenterons le dernier coup. Cependant le secret des généraux n'a pas transpiré. N'allons pas au-devant. Attendons et espérons. Adieu, mon cher ami.

DIX-SEPTIÈME LETTRE

KERTCH.

A M. LE COMTE DE ***.

ARMÉE D'ORIENT.
Baie de Kamiesh, 8 juin 1855.

Aujourd'hui, mon cher ami, nous ferons une excursion maritime. Nous suivrons le littoral de la Crimée du côté du midi, et nous accompagnerons nos flottes jusqu'à la ville de Kertch, où elles sont envoyées avec des projets hostiles.

Kertch est une très-ancienne ville de Crimée, fondée par les Milésiens. Elle se nomma successivement Panticopée et Bosphore avant de porter son nom d'aujourd'hui. Elle fut célèbre dans l'histoire, surtout à l'époque où elle devint le refuge de Mithridate. Cet homme fameux fut appelé, vous ne l'ignorez pas, à la défense des colonies grecques établies en Crimée, lorsque les Sarmates essayèrent de les envahir pour la seconde fois. Mais insatiable de gloire et de puissance, il trahit ses protégés et devint leur maître. Il fonda Eupatoria et donna des lois à tout le pays. Plus tard, au bout de seize ans, lorsqu'il se vit brusquement dépossédé de ses États d'Asie et chassé de son royaume de Pont, il se retira à Kertch, où sa grande âme, terrassée mais non vaincue, méditait encore le hardi projet de renverser l'empire romain. Cependant la trahison devait être plus forte que ce grand homme. Pour cimenter son alliance avec les Scythes, il envoya ses filles leur demander des maris. Mais les eunuques chargés de conduire les jeunes princesses obéirent à des agents corrupteurs et les massacrèrent à la porte de la ville. En même temps Pharnace, fils de Mithridate, se déclara contre son père. A la tête d'une troupe de conjurés, il l'assiégea dans son propre palais et le réduisit au désespoir. Alors le tyran, effrayé d'une captivité honteuse, préféra la mort et se fit traverser le cœur par l'épée du Gaulois Bituitus, attaché à sa personne. Le fils parricide envoya le corps à Pompée, qui pleura, dit-on, en le voyant, et cependant accorda le royaume de Bosphore à l'assassin de son père.

Mais le triomphe du crime dura peu. Pharnace essaya de reconquérir le royaume de Pont. César accourut, bouleversa ses phalanges, et put écrire quelques jours après ces trois paroles, abrégé sublime de la plus rapide conquête : *Veni, vidi, vici*, « Je suis venu, j'ai vu, j'ai vaincu. » A dater de ce moment, Kertch cessa d'être capitale du royaume de Bosphore, et les Romains possédèrent toute la Crimée sous le nom de Chersonèse.

La conquête de Kertch nous était nécessaire. Cernés par nous dans la mer Noire, les Russes avaient conservé la libre circulation de la mer d'Azof. Tous les pays limitrophes de cette mer leur appartenaient, et trois grands fleuves, le Don, la Berda et le Kouban, leur permettaient d'y conduire de nombreux approvisionnements. Ensuite, par le détroit qui unit la mer d'Azof à la mer Noire, ils déposaient à Kertch des munitions abondantes pour leur armée de Crimée. Parfaitement située au pied du mont Mithridate, entourée comme d'une ceinture de collines verdoyantes, cette ville se développait en hémicycle sur les bords d'une baie peu profonde. Elle avait son collége, son théâtre, son jardin public, et surtout elle possédait un musée précieux et une église dédiée à saint Jean-Baptiste, à laquelle on assigne une existence de douze siècles. Elle avait aussi une belle fonderie et un atelier de construction et de réparation pour les navires. Vingt mille habitants, dit-on, vivaient dans son enceinte.

Déjà, le 3 mai, on avait entrepris une expédition contre elle; quelques troupes étaient parties dans ce but; elles étaient même arrivées en vue du lieu de leur destination, lorsqu'un ordre soudain, venu de Paris, fit avorter le projet et força nos hommes à revenir à Kamiesh sans avoir tiré l'épée. Mais le 20 du même mois, une nouvelle expédition fut décidée. On appela les deux flottes alliées à y concourir, et la première division du corps de siége, sous les ordres du général d'Autemarre, fut embarquée avec trois mille cinq cents Anglais, trois batteries de notre artillerie et cinq mille Turcs. Le 22 au soir, on leva les ancres et on cingla dans la direction du sud. La nuit était d'abord calme et belle. La lune éclairait les eaux d'un long sillage de lumière. On gardait le plus profond silence, de peur d'indiquer à l'ennemi notre marche et nos projets. Il y avait quelque chose de mystérieux et de solennel dans ce départ d'une troupe aguerrie, qui allait tenter les hasards d'un second débarque-

14.

ment sur la terre ennemie, et peut-être ceux d'un nouveau siége. Au bout de quelques heures, la brume obscurcit l'air, mais la marche régulière des navires n'en fut point troublée. A chaque bord, des ordres avaient été donnés pour que les musiciens exécutassent certains airs qui indiquaient à l'amiral la position de chacun, et lui permettaient de transmettre ses ordres.

Les côtes du midi de la Crimée sont, dit-on, quelque chose de gracieux et d'enchanteur. De hautes montagnes verdoyantes les dominent. Çà et là de superbes palais de plaisance coupent agréablement le paysage. Plusieurs princes russes ont prodigué les trésors pour s'y créer des rendez-vous agréables. On cite en particulier le palais d'été de l'impératrice et celui du comte Woronzoff. La construction du dernier, mélange de tous les styles, présente, assure-t-on, un aspect grandiose et bizarre à la fois. On dit que la flèche et le minaret, les toits aigus et les dômes byzantins s'y trouvent mêlés. Les parcs et les jardins sont beaux et parfaitement entretenus. Des biches et des cerfs, des daims, des chevreuils et mille autres espèces de bêtes fauves y circulent en liberté et donnent au paysage de l'animation et de la vie.

Nos soldats et nos marins virent, en passant, ces palais, ces bois, ces prairies ; ils virent l'élégante ville d'Yalta et puis la cité autrefois si belle et si populeuse, anciennement appelée Théodosie et aujourd'hui Kaffa. Cette distraction dut être précieuse à des hommes qui, depuis huit mois, n'avaient eu sous les yeux que le terrain pierreux et sec d'un camp sévère. Mais leur ardeur pour le combat leur faisait trouver trop lente la marche rapide des vaisseaux.

Enfin, le 24, de grand matin, on aperçut le phare élevé du mont Opouk, indiqué comme point de ralliement. A onze heures, les deux flottes étaient réunies dans la baie de Kamysch-Bouroun. Point de retard. L'ordre du débarquement fut donné, on mit les chaloupes et les chalands à la mer, et vers une heure toutes les embarcations chargées de troupes se groupèrent autour de celle du général d'Autemarre. A trois heures et demie, toutes les troupes étaient à terre, et le débarquement de l'artillerie se continuait. En vain des cavaliers russes se firent voir sur les hauteurs ; le feu d'un navire suffit pour les disperser. Nos vaisseaux étaient prêts à tout événement, et les troupes ennemies venues pour inquiéter les nôtres eussent été accueillies par le feu de toutes nos batteries.

Après avoir assuré le débarquement, l'amiral Bruat s'avança doucement pour reconnaître la mer qui baigne le fort Saint-Paul. Bientôt il s'aperçut que les Russes avaient fait couler des navires dans la passe, et que même ils avaient adroitement placé dans l'eau des bouées explosives rattachées au fort Saint-Paul par de triples fils de laiton enveloppés de gutta-percha. Grâce à la prudence du chef, aucun malheur ne résulta de ces ruses. La flottille s'attendait à essuyer le feu des batteries du fort et se disposait à y répondre, lorsque tout à coup, au milieu d'un bruit effroyable, on vit monter dans les airs une épaisse colonne de fumée et puis des quartiers de rochers et des pièces de bois qui s'élevaient d'abord avec la fumée et retombaient en roulant le long des flancs de la montagne. Les Russes s'étaient vaincus eux-mêmes à la seule approche de nos vaillants soldats. Ils avaient détruit leurs fortifications. Cependant, à travers la fumée, on avait aperçu un certain nombre de petits bâtiments qui s'enfuyaient à toute vitesse. On les poursuivit. Le plus important parvint à se sauver. Il portait le trésor de la ville. Un autre fut pris s'échappant avec les archives de Kertch, les registres de la douane et des meubles précieux.

Pendant ce temps-là, la forteresse d'Iénikalé s'efforça vainement d'inquiéter nos navires par des charges de mitraille. C'était comme les aboiements d'un chien qui a peur. Le soir, sur les huit heures, une explosion terrible se fit entendre. Il s'éleva dans les airs comme le tourbillon d'un volcan. Iénikalé avait disparu. En même temps on vit un grand feu dominer les toits de la ville de Kertch ; les flammes montaient à des hauteurs prodigieuses De loin, il semblait qu'au lieu de chercher à les éteindre on les ravivait davantage. C'est que les ennemis détruisaient eux-mêmes leurs magasins. En une seule nuit ils brûlèrent quatre millions cent soixante mille livres de blé et cinq cent huit mille livres de farine. Après cela, ils se retirèrent et coururent cacher la honte de leur défaite dans les steppes septentrionaux de la Crimée.

Le 25 mai, au point du jour, après avoir détruit les fortifications d'Ak-Bournou, le général d'Autemarre se mit en marche avec ses troupes, fier d'une victoire remportée par sa seule présence. A quelque distance de Kertch, une députation de la ville se présenta devant lui pour lui offrir le pain et le sel en signe de soumission. Il accepta avec courtoisie, et puis il fit son entrée dans la ville en recommandant de ne rien détruire et de respecter les propriétés particulières.

Malheureusement ses ordres ne furent pas exécutés.

Il y avait du vin dans les caves. Je vous laisse à penser si on l'épargna.

« Pourquoi le laisser perdre, disaient les zouaves? Les propriétaires sont partis en nous abandonnant la ville : les caves sont à nous, par conséquent. »

Les Anglais suivirent ce conseil. Ils ouvraient les tonneaux, et quand ils avaient bu, ils ne songeaient pas à fermer les robinets. Alors le vin remplissait les caves; et deux hommes y furent trouvés noyés. Après le confortable, on songea au plaisir. Les Français, en véritables enfants, pénétraient dans les maisons, enlevaient les divans, les sofas, les fauteuils, les glaces et surtout de nombreux pianos. Ils mettaient le tout sur les places et dans les rues; puis, s'affublant de robes de soie et d'écharpes à franges d'or, une ombrelle ou quelquefois un sac à ouvrage dans la main, ces vieilles figures noircies par la poudre et le soleil, avec leurs longues barbes féroces, faisaient des grâces, s'asseyaient sur les canapés, prenaient des poses dolentes, se relevaient, jouaient quelques airs de piano, faisaient de grandes révérences à l'assistance et allaient se remettre sur un sofa en respirant un flacon d'eau de Cologne comme une jeune femme qui se trouve mal.

S'il n'y avait eu que cela, nous n'aurions eu aucun malheur à déplorer dans ce sac joyeux d'une ville ennemie. Mais nous avions avec nous des Turcs animés des principes vengeurs de Mahomet. Ces monstres se firent conduire par les Tartares dans les maisons où se trouvaient de l'or ou des femmes timides. Alors il s'éleva de tous les points de la ville des gémissements plaintifs. D'affreuses abominations furent commises. Le détail en est trop effroyable pour être raconté. Qu'il me suffise de dire que nos troupes furent obligées de charger sur des alliés pervers. Ce ne fut pas sans en avoir écrasé quelques-uns qu'elles vinrent à bout d'arrêter le crime. Un monstre fut tué dans la rue au moment où il agitait un sabre fumant avec lequel il venait de couper un enfant en morceaux.

Une multitude épouvantée sortit de la ville, et l'amiral Bruat la fit recueillir sur nos vaisseaux pour qu'elle fût déposée dans quelque port russe.

Le musée fut pillé. Rien n'y resta entier. Heureusement on assure que les Russes avaient emporté les objets réellement précieux. †

Kertch était pris! Cependant l'expédition ne devait pas s'arrêter là. Une flottille, sous les ordres des capitaines de vaisseaux Beral de Sédaiges, Français, et Lyons, Anglais, s'engagea dans la mer d'Azof pour en enlever toutes les provisions destinées à l'armée russe.

Le 25, elle mouilla devant Arabat. La garnison en était trop considérable pour tenter une descente. On se contenta de bombarder, et lorsque, après un feu d'une heure et demie, une bombe eut fait sauter la poudrière du fort avec des accidents terribles, on cingla vers Génitschi. Mais les vaisseaux français, manquant de provisions, furent obligés de revenir sur Kertch. Les Anglais seuls continuèrent leur marche triomphale. Le 28, ils étaient en vue de Génitschi. Le capitaine Lyons somma la ville de se rendre. Il exigea que les navires cachés dans le port et les approvisionnements de blé lui fussent livrés. Le gouverneur russe résista. Alors, nouveau bombardement, et, tandis que la ville répondait de son mieux, malgré les efforts des Cosaques, une poignée de braves descendirent à terre, incendièrent les magasins et brûlèrent quatre-vingt-dix caboteurs.

Cependant, vers le soir du 2 juin, six navires français avaient rejoint la flotte anglaise. Et, le 3, les flottes combinées étaient sous les murs de Taganrog. Cette ville, située à l'embouchure du Don, renferme vingt mille âmes, et faisait un commerce florissant à l'époque où la politique russe n'avait pas défendu aux étrangers l'accès de la mer d'Azof.

Le gouverneur de Taganrog fut mis en demeure de se rendre. Une heure lui fut donnée pour réfléchir. On promettait d'épargner la ville, sous la condition que tous les approvisionnements seraient livrés. Le gouverneur refusa. Il proposait un accommodement impossible. Alors nos vaisseaux défilèrent majestueusement devant les quais, lançant des projectiles enflammés. Le feu atteignit les magasins d'huile et de vin. On respecta les monuments de bienfaisance et les églises sur lesquels flottait un pavillon noir. Et pendant ce temps-là quatre cents soldats de la marine anglaise, avec un détachement français, essayant une descente hardie, brûlèrent les magasins de blé et les dépôts de bois de construction des navires.

Le 4 juin, à dix heures du soir, on était en face de Marianopoli, petite ville de huit mille âmes, célèbre dans l'histoire par les esturgeons fameux que les habitants d'Athènes faisaient venir à grands frais pour satisfaire leur gourmandise. Dès la veille, toutes les autorités civiles et militaires avaient pris le parti de la retraite. Les habitants demandèrent grâce, et rien ne fut fait contre eux. Seulement on exigea que les approvisionnements de l'armée russe fussent livrés et brûlés.

Enfin une dernière ville restait à visiter. Geisk est un petit port marchand de fondation récente. Il a tout au plus dix ans d'existence. Sa garnison était réduite à cent hommes seulement. Le colonel commandant la place voulait se défendre. Cependant, qu'eût-il fait avec si peu de monde? s'exposer à la mort n'effrayait pas le brave soldat ; mais toute la population eût souffert d'un bombardement qu'il ne pouvait empêcher. Alors il demanda et obtint la permission de quitter la ville avec sa petite troupe. La population fut épargnée, et les seuls approvisionnements de l'armée furent livrés aux flammes.

Après cela, on résolut de compléter le désastre des ennemis par la destruction de ceux de leurs forts qui sont limitrophes de la Circassie; mais c'était peine inutile. Une embarcation venue d'Anapa annonça aux amiraux que les Russes s'étaient retirés d'eux-mêmes. Le fait paraissait d'abord incroyable.

Pouvait-on s'imaginer que, d'un côté de la mer à l'autre, notre seule présence faisait fondre une garnison nombreuse comme la cire aux rayons du soleil? C'était cependant ainsi. On poussa une reconnaissance vers la ville démantelée ; on la trouva livrée exclusivement aux Circassiens. On n'eut que la peine d'en emporter ce qui pouvait nous être utile dans nos travaux de siége.

La mission de la flottille était remplie : la mer d'Azof était à nous. Les Russes ne pouvaient plus rien de ce côté-là pour le ravitaillement de leurs troupes. Un succès de plus ajoutait à la gloire de nos armes. Le général en chef s'en réjouit dans un ordre du jour, et toute l'armée applaudit avec bonheur.

Maintenant une petite garnison maintient notre conquête, et de Kertch à Eupatoria le littoral de la Crimée, c'est-à-dire la partie la plus belle et la plus productive du pays, est à nous.

Adieu, mon ami ; on parle d'un assaut prochain donné à Sébastopol. Le général Pélissier l'a annoncé dans son ordre du jour. Tout le monde s'en réjouit et s'y prépare. Je vous en donnerai des nouvelles si Dieu me prête vie.

DIX-HUITIÈME LETTRE

MALAKOFF (18 JUIN).

A M. LE COMTE DE ***.

ARMÉE D'ORIENT.
Iles des princes (Chalchi), 29 juillet 1855.

Je vous avais parlé d'un assaut prochain, mon cher ami. Ma dernière lettre en annonçait pour ainsi dire une seconde qui ne devait pas se faire attendre. Et cependant un mois s'est passé sans que vous receviez de moi aucune nouvelle. Mon excuse est toute simple. Un assaut a eu lieu le 18 juin. J'étais de service dans l'ambulance volante du Carénage. La fatigue de cette triste journée a sans doute porté un coup à ma santé mal raffermie. Une troisième attaque de typhus est venue m'assaillir, et j'ai dû me laisser emporter à Constantinople d'abord. Ensuite, un excellent ami, le commandant de la *Pandore*, a eu la charité de m'amener aux îles des Princes, où ses soins affectueux et ceux de son entourage m'ont mis à même de reprendre quelques forces.

C'est donc un mois après l'action et dans le silence d'une charmante solitude, au milieu de la mer de Marmara, que je vous raconterai le grand drame dont je fus témoin.

On croyait le temps venu où la puissance moscovite tomberait enfin sous nos coups, haletante et demandant merci. On croyait avoir pris toutes les mesures inspirées par la prudence. On croyait avoir deviné l'ennemi, compté toutes ses forces et mesuré les moyens d'attaque aux moyens de défense. Malheureusement, au milieu de plans savamment combinés, il y avait des lacunes funestes. N'en accusons personne. Le génie humain a ses limites. Dieu seul peut tout prévoir.

La tour Malakoff était le but suprême de nos efforts de ce jour. Or, pour nous en assurer la prise et nous en ménager la possession, il importait d'attaquer les positions de droite et de gauche occupées par l'ennemi. L'attaque fut disposée en conséquence. Tandis que le général Brunet, par la droite du Mamelon-Vert, et le général d'Autemarre, par la gauche de ce mamelon, devaient escalader la position fameuse; sur la droite, le général Mayran était chargé d'assaillir les redoutes du Carénage, et, sur la gauche, la prise du grand Redan était dévolue aux Anglais.

Vers les trois heures du matin, le feu s'engagea. Il paraît certain que le général Mayran s'élança trop tôt et qu'il prit la lueur d'une bombe pour la fusée de la redoute Victoria. Mais cet accident ne pouvait suffire à déterminer nos revers. Un malheur plus grand allait causer notre défaite. Tandis que le général s'élance à la tête de sa division le long du ravin du Carénage, croyant n'avoir affaire qu'à l'artillerie d'une redoute, les Russes démasquent les batteries de leurs vaisseaux, jusque-là dissimulées habilement. Alors une grêle affreuse de mitraille fond sur nos colonnes et les broie comme le blé mûr sous l'action de l'orage. Le général Mayran tombe frappé à mort. En vain le plus ancien général de brigade rallie les troupes. En vain essaye-t-on de franchir les parapets de la redoute. Il y a un moment où la valeur elle-même cède à la force des moyens de destruction. Nos troupes de droite étaient décimées et non vaincues. Elles durent se replier, en attendant un jour meilleur.

En même temps les Anglais se précipitaient sur le grand Redan. Une affreuse mitraille les attaqua par le front. Leur bravoure ne se démentit pas. Ils se laissèrent décimer. Sir John Campbell, le colonel Shadforth et le colonel Yea tombèrent au milieu de leurs troupes. On essaya de lutter. Mais bientôt les forces furent reconnues insuffisantes, et l'armée anglaise rentra dans ses positions.

Restait l'attaque du centre !

Malheureusement le centre était imprenable après les désastres de la droite et de la gauche. Au signal donné, les divisions Brunet et d'Autemarre se précipitèrent sur les ouvrages ennemis. Alors un torrent de feu, de boulets et de mitraille sembla les inonder. La mort frappait comme dut faire autrefois l'ange des célestes vengeances sur le peuple prévaricateur. Le général Brunet tombe blessé au cœur. Le colonel Bouteville est atteint par une balle qui ne lui fera point grâce de la vie. Je n'oublierai jamais l'impression profonde que je ressentis en voyant apporter derrière le champ de bataille tant de nobles hommes moissonnés avant le temps. Avez-vous vu quelquefois, à l'abri des fortes murailles d'un vieux château placé sur la montagne, un orage terrible fondre sur la vallée.

Les feuilles des arbres, volent en tourbillonnant au loin, obscurcissent l'air par leur nombre prodigieux, et vont retomber sur la terre, lacérées et souillées. Bientôt les fortes branches cèdent à la violence du vent, le tronc puissant lui-même s'efforce en vain de lutter avec l'ouragan ; un affreux craquement se fait entendre dans les racines, et l'arbre, orgueil de la vallée, tombe fracassé, sans vigueur et sans beauté. Ainsi succombaient nos officiers. Cependant les batteries du port, après avoir foudroyé la division Mayran, libres de son attaque manquée, tournèrent leurs bouches odieuses sur le flanc de la division Brunet. Le fleuve en furie qui se répand sur les campagnes ne fait pas plus de ravage lorsqu'il entraîne les maisons, les meules de foin, le bétail et les propriétaires eux-mêmes sous les coups de sa vague furieuse. Nos colonnes sont littéralement balayées par la mitraille. En même temps, la division d'Autemarre, une première fois repoussée, se rallie de nouveau. Des renforts lui sont vainement envoyés. Elle eût vaincu si la victoire eût été possible. Mais les Anglais s'étaient repliés sous la mitraille du grand Redan. Alors les artilleurs de ces batteries firent ce qu'avaient fait ceux du Carénage pour la division

Brunet. Ils braquèrent leurs canons vers la gauche de notre première division. Le feu la saisissait de tous côtés. Nul moyen ne restait de la soutenir. Il y eut des actions héroïques au milieu de cet étang de feu et de poudre. Le spectacle était étrange. On eût dit, sur le haut d'une montagne des Alpes, une armée envahie tout à coup par le nuage porteur des tempêtes et combattant contre le tonnerre lui-même. Nos troupes firent preuve du plus sublime dévouement. Le colonel Picard, blessé trois fois et perdant tout son sang, refuse de quitter le champ de bataille avant d'avoir vu son drapeau, qu'il craint de céder à l'ennemi. On le lui apporte criblé de balles. Il le touche de ses mains et le fait porter devant lui jusqu'à sa tente.

L'épreuve était faite. L'assaut était impossible. On donna le signal de la retraite. Nos troupes se retirèrent avec un sang-froid qui fut trouvé presque aussi beau que leur furie dans l'attaque. Les Russes ne les poursuivirent pas, et le feu s'éteignit lentement. Alors on se compta, et la tristesse fut grande lorsqu'on eut sondé toute la profondeur de nos blessures. L'armée est persuadée que les pertes ont été immenses. Il n'y a qu'une voix à ce sujet. Un rapport du prince Gortschakoff suppose que nous avons eu près de quinze mille hommes hors de combat. Dieu seul et l'autorité suprême de la terre peuvent le savoir. Les Russes avouent de leur côté seize officiers tués et cent cinquante-quatre blessés, sur un nombre de sept cent quatre-vingt-un soldats tués et de quatre mille huit cent vingt-six blessés. Quelle effroyable addition que celle des pertes de nos trois armées dans ces quarante-huit heures de bombardement et d'assaut! Le jour de l'armistice, il eût été impossible de compter les morts. Les soldats des deux armées chargés de les relever se tenaient vis-à-vis les uns des autres en longues files, et à mesure que leurs camarades trouvaient un cadavre ennemi, ils le transmettaient à leurs adversaires. Le travail fut énorme. Dans les deux armées régnait une sorte de silence solennel.

Cependant, le 22 juin, le général en chef adressa à l'armée la proclamation suivante : « Soldats... Notre position actuelle est celle de la veille du combat; ma confiance dans votre ardeur et dans le succès est la même... Vous vous montrerez plus patients, plus énergiques que jamais dans cette lutte d'opiniâtreté dont l'issue décidera de la paix du monde!... » Le général avait raison. Nous n'avions pas perdu un pouce de terrain. Nous avions prouvé une fois de plus à l'ennemi que ni sa bravoure, ni ses forces, ni ses moyens de destruction, ne nous effrayeraient jamais. Dans un combat malheureux, nous lui avons donné la preuve de ce que nous ferons le jour que Dieu a marqué pour le triomphe.

Adieu. Je ne sais plus rien. Le lendemain de l'assaut, je me suis vu réduit à garder ma tente. Et puis on m'a emporté mourant.

DIX-NEUVIÈME LETTRE

ÉTAT DU SIÉGE AU MOIS DE JUILLET.

A M. LE COMTE DE ***

ARMÉE D'ORIENT.
Iles des princes (Chalchi), 31 juillet 1855.

Mon cher ami, mes correspondances ne m'apportent rien de sérieux sur les mouvements des deux armées depuis mon départ. On travaille à ménager le succès d'un nouvel assaut. Les Russes, furieux de nos tentatives, crachent la mitraille sur nos travaux et dirigent contre nos lignes des sorties destinées à les bouleverser. Ils pourront nous retarder, mais pour nous arrêter, jamais !

Le camp a repris sa physionomie. La journée du 18 juin avait répandu pour quelques jours une vraie tristesse dans les cœurs ; mais c'était uniquement l'effet de la perte des camarades. Le découragement n'y était pour rien. Au contraire, le grand désir de tous est de prendre une revanche.

Le temps de la revanche viendra. On s'y prépare. Et on y compte tellement que, dans l'entre-deux de la lutte, on cherche à s'amuser. Ainsi les zouaves ont ouvert de nouveau leur théâtre. Rien de si drôle, m'écrit-on, que cette baraque, bâtie en toiles et en planches, dans laquelle se rassemblent des soldats et des officiers de tous grades pour assister à la comédie. Imaginez-vous un zouave habillé en bergère faisant la coquette ! Et puis un autre zouave, vêtu comme une jeune personne du grand monde, et jouant la précieuse ! Je ne connais des talents de *ces messieurs* que leurs programmes. Ils sont à mourir de rire. La phrase sacramentelle est celle-ci : *Messieurs les amateurs du 2ᵉ zouaves donnent le spectacle suivant.* Ensuite vient le titre des pièces à représenter. Mais il faut bien une petite image en tête de ces programmes. Alors on voit, grossièrement crayonné sur le haut de la page, des Russes qui cherchent à se faufiler parmi la foule des Français et un paillasse qui leur dit : « Entrez, mes petits amis, nous vous donnerons la pièce gratis. » Et puis ce sont les acteurs qui se sauvent tout à coup, l'un déguisé en amour, l'autre en bergère, l'autre en pimbêche, l'autre en président à mortier, courant à leur tente pour prendre les armes, car on vient de sonner la charge; les Russes font une sortie. Alors on écrit en dessous : *Inconvénient d'établir un théâtre trop près des tranchées.* Un jour, on attendait avec impatience la soirée pour assister à une représentation piquante. Mais, avant le soir, la *jeune première* fut blessée dans les tranchées. Force fut de suspendre les plaisirs promis, et une affiche annonça que la représentation était remise à la quinzaine *pour cause de blessure.*

Les Anglais ne jouent point la comédie, mais ils font des courses de chevaux; et comme il serait trop commun de couronner seulement de beaux coursiers pur sang, on admet à disputer le prix des chevaux Turcs, des mulets et des ânes. On avait même pensé à introduire dans la lice des chameaux et des dromadaires. Un jour qu'un aumônier passait, un de ses amis le pressa de faire courir son poney. Il y consentit et gagna. On dit que le cheval *du curé* fut applaudi à outrance.

Mais laissons là tous ces jeux pour nous occuper de choses sérieuses. Aussi bien, je finirais par vous persuader que nos troupes oublient l'essentiel pour se livrer au plaisir, et certes, il n'en est rien. Le plaisir n'est pas possible ici, la distraction seule est permise.

Dans votre dernière lettre, vous vous étonnez des lenteurs du siége. Vous dites que la France impatiente est presque découragée, que l'esprit public est inquiet, et qu'on se demande si la prise de Sébastopol est possible. Oui! oui! elle est possible et même elle est sûre. Seulement il faut nous tenir compte des difficultés. En arrivant ici, la ville fut partagée en deux. Les Français se chargèrent d'en assiéger une partie, et les Anglais s'établirent de l'autre côté. Or, lorsque nous eûmes fini nos tranchées, les Anglais n'avaient presque pas avancé les leurs. Le général Canrobert les pressait courtoisement. C'était la seule chose en son pouvoir. Enfin, par bonheur, les Anglais eurent le courage d'avouer qu'ils avaient entrepris un travail au-dessus de leurs forces. Le général français saisit la balle au bond, et une partie de notre armée vint s'établir à la droite des Anglais, depuis le ravin de Karabelnaïa jusqu'à la Tchernaïa. Depuis lors les travaux ont avancé immensément, et nous avons resserré Malakoff dans une enceinte où ses habitants seront suffoqués à un jour donné. Mais en attendant, il faut, je le répète, nous tenir compte du temps perdu malgré nous; et il a été de quatre mois, si je m'en souviens bien. De plus, actuellement que nous sommes avertis par une cruelle expérience, il importe, avant de tenter un nouvel assaut, de mettre nos troupes à couvert des batteries du port. L'absence de cette précaution nous a coûté la vie du noble général Mayran et d'une foule de braves dans la terrible affaire du 18 juin. A l'heure actuelle, tout le monde doit comprendre que les lenteurs de l'hiver étaient dictées par la sagesse. Une armée ne saurait être impunément risquée dans des coups douteux. C'est l'exposer à perdre son moral à mesure que celui de l'ennemi se relève; et autant les soldats doivent mépriser le danger, autant les chefs sont-ils obligés d'en calculer les conséquences.

Patience donc, et aussi confiance. Dieu protége la France.

Vous connaissez le proverbe : *Aide-toi, le ciel t'aidera.* Or je vous réponds que la France fait des prodiges. Nos soldats sont des héros. Non-seulement ils vont au feu comme des lions, mais en face du travail, de la misère et des souffrances les plus aiguës, ils sont d'un courage admirable, et le dernier coup de la mort les trouve invincibles. Il suffit de visiter nos ambulances pour croire à l'existence d'une âme, à sa supériorité sur le corps et à son immortalité. Sans ce principe intérieur, rien de ce que nous voyons ici n'est possible. Tout simples et tout ignorants qu'ils sont, nos petits soldats renversés à terre par la douleur ne semblent plus faire un seul tout avec leur corps. Souvent il m'a semblé, en les entendant parler de la vie présente et de ses douleurs, que je voyais leur âme debout devant leur corps et parlant de son état comme le maître parlerait de l'animal domestique étendu à ses pieds. Avec une armée semblable, la France peut-elle douter du triomphe? peut-elle n'être pas certaine que le ciel l'aidera et la protégera?

Adieu, mon cher ami, je vous quitte en vous serrant la main.

VINGTIÈME LETTRE

QUELQUES TRAITS REMARQUABLES.

AU DIRECTEUR DES PRÉCIS HISTORIQUES, A BRUXELLES

1ᵉʳ septembre 1855.

Mon Révérend Père,

Dans un siècle de matérialisme comme le nôtre, au moment où tant d'efforts insensés cherchent à étouffer en Europe l'antique amour de la patrie, je trouve une immense jouissance à constater que l'esprit de dévouement à Dieu et à son pays reste vivant au cœur de la France, et que si les doctrines des ennemis du catholicisme ont pu nous faire des blessures profondes, elles ne sont pas venues à bout de nous arracher ce germe de vie que Dieu a déposé, au jour du baptême de Clovis, dans le sein de la nation très-chrétienne et essentiellement civilisatrice. Et tel sera le but de ma lettre d'aujourd'hui. Faute de nouvelles de guerre, j'essayerai d'enrichir vos excellents *Précis historiques* de quelques beaux traits dont j'ai été l'heureux témoin.

Dernièrement, le lieutenant-colonel*** était étendu sur son lit de douleur. La maladie le consumait. Calme et résigné, il constatait, à chaque heure, les nouveaux progrès de la mort. Je le vis en cet état, et son noble visage m'inspira, dès l'abord, une sympathie profonde. J'aimais à considérer, dans cette victime penchée sur le bord d'un tombeau, les formes gracieuses de la plus exquise politesse, et j'écoutais avec bonheur sa conversation pure et châtiée, image vivante de la noblesse de son âme. Un jour il se sentit mourir. Aussitôt il tourna ses regards vers la religion; il voulut recevoir les sacrements de l'Église, et lorsque son âme fut revêtue de toutes les splendeurs de la parfaite innocence, il demanda qu'on réunît autour de lui un certain nombre d'officiers supérieurs ses amis. Alors il exprima, en quelques mots, ses dernières volontés au sujet de sa fortune, et puis, élevant un peu plus la voix, il dit avec une émotion pleine de dignité : « Mes amis, je meurs, c'est-à-dire que je retourne dans le sein de Dieu qui m'a donné l'existence. Je n'ai pas de regrets ! » Et après une pause d'un instant, il ajouta : « Mais si, j'ai un regret ! Vous direz à ma femme que je suis peu touché de la nécessité de renoncer à la fortune et aux honneurs qui semblaient me sourire, et que si mes yeux versent quelques larmes dans ce moment suprême, c'est qu'il faut cesser de me dévouer pour son bonheur et pour celui de mon fils ! Au reste, elle est chrétienne, et Dieu lui donnera la résignation, en attendant le jour de notre réunion dans l'éternité. » Ensuite le colonel se tut. Un peu après, il demanda à rester seul pendant deux heures pour s'entretenir avec Dieu. Au bout de ce temps, il mourut. Je n'ai pas besoin de vous dire l'impression que produisit cette mort. Je ne transcrirai pas non plus tout le discours que le colonel de*** prononça sur la tombe entr'ouverte de son ami, en présence d'une foule nombreuse d'officiers de tous grades et de soldats dévoués. « Notre ami est au ciel, s'écria-t-il. Imitons son exemple, afin de mériter de lui être réunis un jour ! » Cette seule phrase vous exprime les sentiments de la noble assemblée.

Mais voici un autre spectacle non moins touchant. C'est celui d'un jeune homme terrassé par la maladie et mourant à la fleur de l'âge, sans avoir encore trempé ses lèvres dans la coupe de la Fortune qui s'approchait de lui avec un sourire. C'était sur le midi. Un infirmier m'appelle pour un sergent major gravement atteint du choléra. Je m'approche du malade, je reçois ses dernières confidences et je lui donne le sacrement de l'extrême-onction. J'allais me retirer pour courir à d'autres infortunes. Cependant je me sentais ému. Il y avait dans les paroles du généreux enfant quelque chose de grand qui semblait le distinguer du vulgaire. Je voulus savoir qui il était. Mais lui, humble et modeste, ne songeait pas à faire valoir l'éclat de sa naissance. Digne fils des croisés, il avait voulu servir son pays au prix même des plus redoutables sacrifices. Il avait négligé les avantages terrestres de son nom et de sa fortune; il s'était engagé comme simple soldat; il avait partagé, sans fierté, la nourriture grossière des fils de ses fermiers engagés dans le même régiment, et maintenant il mourait tranquillement avec la satisfaction d'avoir rempli son devoir en servant sa patrie.

« D'où êtes-vous, mon enfant? lui avais-je dit. Avez-vous encore votre mère? Puis-je vous rendre quelque service? » A mes questions l'enfant avait répondu :

« Je suis de Château-Chinon ; j'ai eu le malheur de perdre ma mère. Je n'ai besoin de rien. Je vous remercie, mon Père ! »

Alors je lui demandai s'il désirait que j'écrivisse à sa famille.

« Oh ! que vous seriez bon ! » dit-il avec transport.

Et, comme je prenais du papier et un crayon pour écrire son adresse, il me dicta naïvement : *de Chabannes, à Belleville-sur-Saône.* J'avais tout compris. Ainsi le fils du marquis de Chabannes, le descendant des la Palice, l'héritier d'une jolie fortune et l'espoir d'une des nobles familles de France, mourait sans étonnement et sans dépit, sur la terre étrangère, sans même s'apercevoir de la grandeur du sacrifice qu'il offrait à son pays. Oh ! comme je fus heureux de soutenir le courage de ce généreux enfant pendant les trois jours qu'il vécut encore ! Lorsqu'il m'eut reconnu, il lui sembla presque être en famille. Il tenait ma main dans la sienne pendant des heures entières, et parlait avec jouissance des vertus de tous les siens; mais jamais une parole amère ne trahissait en lui le regret de la vie. Seul, au milieu de ses amis qui le pleuraient, il semblait ne pas souffrir, et lorsque après une crise douloureuse il reprenait l'usage de ses sens, il se retournait vers moi, en disant affectueusement :

« Mon Père, je vous fatigue. Retirez-vous; je saurai rester seul. »

Vraiment il avait raison, le noble chef de bataillon qui, sur la tombe du jeune héros, disait aux officiers et aux sous-officiers présents à la cérémonie des funérailles :

« Messieurs, le fils des anciens compagnons de saint Louis, qui vient de mourir sous nos yeux, est digne de nous servir d'exemple. Sans doute il eût été plus beau pour lui, en apparence, de mourir sur le champ de bataille, au milieu d'une action glorieuse; mais le courage ne se mesure pas à l'éclat d'une gloire éphémère. La vertu du gentilhomme consiste à se dégager de tous les hochets dont la vanité humaine s'entoure, pour être grand par lui-même, grand par la force de son cœur, grand par la générosité de son dévouement, grand surtout par la noble énergie de sa foi, qui lui fait mépriser toutes les aises de la vie et donner jusqu'à la dernière goutte de son sang pour assurer le bonheur de son pays. »

Je vous en prie, mon Révérend Père, consignez dans vos *Précis historiques* le noble exemple qu'Edme de Chabannes a su donner à tous ses frères de la jeune noblesse européenne. D'autres l'imiteront, je n'en doute pas. Dans le siècle dernier, on a dépouillé la noblesse de sa fortune, et on a cru lui avoir ainsi arraché sa grandeur; on s'est trompé : il y a pour elle un privilége auquel on n'a pas pu toucher, c'est le privilége du dévouement. Elle ne regrette pas les autres. Celui-là est le seul qu'elle revendique; elle l'a gardé au fond de son cœur. Et notre siècle railleur verra, j'espère, notre jeune noblesse, couverte de son sang et de la poussière du champ de bataille, ajouter, en mourant pour le salut de tous, un fleuron de plus à la couronne tressée par le dévouement de ses ancêtres.

Passons à une sphère inférieure de la société. Là aussi nous trouverons les plus beaux exemples.

Un pauvre soldat venait de recevoir les derniers sacrements.

« Mon Père, me dit-il, voudriez-vous me promettre une chose?... Ce serait d'écrire à ma mère.

— Donnez-moi son adresse, mon enfant, je lui écrirai.

— Oh! mais *une belle lettre*, reprit l'enfant avec un accent profond, *une belle lettre*.

— Je vous le promets.

— Oh! mais, voyez-vous, mon Père, *une belle lettre*, reprit encore le mourant avec une expression de plus en plus touchante. Elle est si pauvre, ma mère! C'est une mendiante! Pendant toute ma jeunesse, je ne lui ai donné que du chagrin. Maintenant je m'en repens; et, si le bon Dieu me conservait la vie, je l'emploierais tout entière à faire à ma mère autant de plaisir que je lui ai fait de peine; mais je mourrai, et je ne pourrai la consoler. Oh! écrivez-lui *une belle lettre!* »

Vraiment, auprès du grabat de cet enfant, je me sentais aussi consolé que devant le fils des croisés mourant! Je pris l'adresse de la mendiante, et quand il fallut écrire, je me sentis embarrassé. Ma plume aurait couru toute seule s'il se fût agi d'une personne de haute condition; j'étais plus ému en écrivant à la mendiante, tellement j'avais envie de réussir à la consoler un peu. Sans doute elle n'aura pas su lire mon écriture; mais son curé ou quelque voisin charitable lui aura rendu ce triste service. Que le bon Dieu console la pauvre mendiante!

« Mon enfant, que puis-je faire pour vous? disais-je à un soldat étendu par terre sur le champ de bataille, lors du premier assaut de la tour Malakoff.

— Mon Père, répondait le blessé, vous m'avez

réconcilié avec Dieu. Je ne vous demande plus qu'une chose. Veuillez prendre mon porte-monnaie dans ma poche; vous y trouverez un petit billet qui exprime mes dernières volontés. »

En effet, je fis ce que demandait le mourant, et je lus avec émotion ce billet :

« 17 juin 1855. Demain je vais au feu. Si je succombe sur le champ de bataille, que Dieu veuille avoir mon âme. Quant à mon argent, cinq francs seront donnés à ma compagnie, et le reste servira à faire dire des messes pour le repos de mon âme. »

Sur l'adresse du billet, il y avait :

« Si tu es Français, toi qui as trouvé ce porte-monnaie, je suis sûr que tu rempliras mes intentions. Si tu ne l'es pas, ne sois pas pire qu'une bête féroce, et montre-toi Français pour ce jour-là en remplissant les dernières intentions d'un soldat mourant pour son pays. »

Ce qu'il y a de consolant pour tout cœur français et chrétien, c'est la pensée que ce dévouement généreux au pays n'est pas le fait de l'armée toute seule. Chacune des familles de France s'y est associée plus ou moins activement, avec un ensemble presque surprenant. Les souscriptions nationales en sont une preuve vivante. J'ai parcouru le vaste han=

gar où l'intendance a déposé les dons en nature faits à l'armée. Le choix de ces différents objets réunis serait le sujet d'une étude intéressante. Ici se trouve le costume complet d'un jeune aspirant de marine. Hélas! peut-être fut-il envoyé par une mère en pleurs qui avait perdu son fils nouvellement embarqué sur les navires de l'État. Là, j'ai vu jusqu'à des couvertures piquées à grands ramages, déjà fanées par un assez long usage, telles que les paysans ont coutume d'en mettre sur leurs grands lits de famille. Évidemment, ce sont les offrandes de quelques obscurs métayers, qui, dans l'impossibilité de donner de l'argent, ont voulu partager leur mobilier, cependant si modeste, avec les enfants de l'armée. Comme ce genre de sacrifice est touchant!

Or, si des témoignages généraux nous descendons aux preuves particulières, là encore nous retrouverons le dévouement du cœur français.

Dans le terrible assaut de la tour Malakoff, un régiment a beaucoup souffert ; c'est le 19e de ligne. Les officiers du petit dépôt de ce régiment, en garnison au Puy, apprennent le malheur de leurs frères d'armes. Aussitôt ils demandèrent à l'autorité ecclésiastique un service funèbre en faveur des malheureuses victimes. Monseigneur l'évêque ne se contente pas de donner son autorisation. Lui-même veut faire la cérémonie dans l'antique sanctuaire de Notre-Dame. Plus tard, lorsque le corps des officiers vint offrir de couvrir les dépenses de la fabrique, un noble combat de générosité s'établit. Les uns voulaient donner; les autres refusaient de recevoir. C'était à qui participerait le mieux à la bonne œuvre, un troisième témoignage de sympathie paternelle fut le résultat de la pieuse lutte. L'argent recueilli n'entra point dans le trésor de la cathédrale; il ne revint pas non plus aux donataires; on le distribua aux soldats pauvres de la garnison.

Une dame de haute naissance m'écrivait un jour :

« Le sort des malheureux tués sur le champ de bataille me touche et m'émeut profondément. Je viens de fonder dans ma paroisse une messe quotidienne pour les officiers et soldats qui meurent au milieu du combat sans avoir le temps de se reconnaître. »

Une autre dame, aussi connue par sa piété que par la grandeur de sa naissance, voulut bien m'offrir, un jour, de contribuer par ses aumônes au soulagement de l'armée. Je lui demandai une certaine quantité de petits livres instructifs ou amusants. On ne se fait pas d'idée du bien que produisit cet heureux envoi. Chaque matin, je distribuais mes petits trésors, en parcourant les tentes de mes blessés et de mes fiévreux. Oh! comme ma visite était attendue! avec quel empressement on tendait les mains à mon approche!

« Mon Père, à moi un livre, disait celui-là; je m'ennuie tant! rester pendant soixante jours étendu sur la terre, en attendant la guérison de la partie saine de ma jambe coupée, c'est bien long! Un livre pour me distraire, je vous en prie.

— Et à moi aussi un livre, s'il vous plaît, reprenait un autre. Je pense au pays toute la journée. Cela me donne trop de regrets. Cela me décourage. Cela m'empêcherait de bien faire mon devoir. Donnez-moi un petit livre pour m'aider à penser à autre chose. »

Ainsi se passait ordinairement ma visite du matin. Que de pauvres enfants égayés au milieu de la souffrance! que d'âmes détournées de pensées dangereuses! que de mauvaises conversations arrêtées par la bonne œuvre de la bienfaitrice charitable dont Dieu seul connaît les mérites! — Un genre d'aumônes très-amusant à distribuer, c'étaient des bonbons. Quelques personnes ont eu la bonne pensée de m'envoyer de Paris de jolies sucreries, achetées chez Gennesseau, 31, rue du Bac, et magnifiquement enveloppées dans des papiers moirés, satinés, gaufrés, etc., etc. Lorsque m'arrivaient ces sortes d'envois, je courais à l'ambulance, et je me présentais avec mon petit trésor. Il n'y avait rien de divertissant comme de voir ces vieux soldats au teint hâlé, à la barbe formidable, au regard un peu hautain, considérer en souriant leur petite portion et tendre la main pour la recevoir.

« Père, me disait en souriant un vieux sergent de zouaves, vous avez bien raison d'apporter du bonbon à vos petits enfants; cela fait plaisir.

— Oui! donnez du *nanan* aux petits, reprenait un autre; c'est bien bon le *nanan*. »

Et de la sorte, le temps de la distribution se passait en propos joyeux. C'était toujours une heure arrachée à la souffrance. C'était surtout un bonheur pour le cœur des exilés qui se sentaient soutenus par les témoignages de bon vouloir de ceux de la patrie. Aussi combien de fois n'ai-je pas entendu s'échapper de toutes les bouches des témoignages de reconnaissance, pour les *bonnes dames aux bonbons*, comme pour la *bonne dame aux livres*.

Ajouterai-je quelque chose à cette lettre? En vérité, je l'ignore. Un souvenir triste se présente, en ce moment, à mon esprit. Je n'ose l'écrire; et cependant le sujet me paraît instructif pour quelques familles qui s'égarent et perdent leurs enfants par un désir malentendu de leur être utiles. Un jeune homme d'une famille obscure avait été destiné, dès l'enfance, à l'état militaire. Ses goûts répondaient aux vœux de ses parents. Il s'agissait de le préparer à ses examens. Les ressources pécuniaires de la famille n'étaient pas considérables. Un répétiteur sans principes offrit ses leçons *au rabais*, si je puis ainsi m'exprimer. On hésita bien un instant à sacrifier la vie morale de l'enfant pour un avantage temporel. Le marché fut conclu cependant. A force de sacrifices, on vint à bout de conduire jusqu'à son terme cette triste éducation. Lorsque les bras tombaient au père et à la mère épuisés de travail, lorsque le spectre hideux d'un enfant corrompu de bonne heure se présentait aux yeux des auteurs de ses jours, on se disait :

« Travaillons sans relâche, demandons au temps la guérison de ce cœur gâté, mais que l'enfant continue ce qu'il a commencé ; ne changeons rien à son existence ; bientôt le diplôme et les épaulettes de sous-lieutenant nous dédommageront. »

L'enfant continua, en effet, à grandir dans le mal. Il devint officier. Il parvint au grade de capitaine. Un jour je le rencontrai. C'était au milieu d'une action meurtrière. Il était étendu sans forces. Je m'agenouillai auprès de lui.

« Vous souffrez beaucoup? lui dis-je.

— Ah! monsieur l'abbé, me répondit-il avec un sourire sardonique, ce que c'est que la gloire humaine! Cherchez donc la gloire humaine! Voilà où elle conduit; je le sais maintenant par expérience.

— Mais tout n'est pas perdu, capitaine, lui répondis-je. Vous guérirez, et alors une décoration, un grade supérieur, seront le prix de vos services. »

Pour toute réponse, le capitaine m'engagea à lever la couverture grossière qu'on venait de jeter sur lui. Un éclat d'obus lui avait arraché le côté, et je vis ses entrailles répandues sur la terre.

« C'est vrai, m'écriai-je, c'en est fait de la gloire humaine; mais il y en a une autre pour le brave qui a fait son devoir. Dans l'autre vie... »

J'allais continuer.

« Monsieur l'abbé, reprit le malade, ne me parlez pas de cela. Je ne veux pas en entendre parler.

— Mais, capitaine...

— Ne m'en parlez pas, je vous le répète. J'ai travaillé pour la gloire. La gloire m'a fui. Je mourrai dans le désespoir. »

Je fis de vains efforts pour amener le mourant à des pensées plus consolantes. Son regard était effrayant, ses lèvres se contractaient sous la forme d'un sourire, hideux mélange de fureur et de désespoir. Bientôt il me demanda une potion opiacée pour l'aider à mourir sans trop de souffrances. Avec l'autorisation du major, j'allai la lui chercher. Lorsque je revins à lui, il était mort, mais sa physionomie n'avait pas changé. Le même sourire, le même regard m'accueillirent. Seulement, l'effrayante pâleur de la mort était venue ajouter à l'expression désespérante de ce cadavre inanimé.

O père! ô mère! comment n'avez-vous pas compris que votre ambition était aveugle et que vous conduisiez votre enfant au précipice? Vous lui aviez présenté la gloire humaine comme terme de ses espérances. Sans le vouloir, vous avez été horriblement cruels; vous avez amusé la jeunesse de votre enfant en lui faisant poursuivre un fantôme, et lorsque, haletant, couvert de poussière et perdant tout son sang, il a voulu saisir quelque chose, il n'a trouvé que le vide, et il est mort dans le plus effroyable désespoir!

Le soir de cette triste journée, je retournai au champ des morts, et je retrouvai le cadavre de ce malheureux avec la même expression de physionomie qui avait caractérisé ses derniers instants.

Hâtons-nous d'ajouter avec une immense consolation, qu'un tel exemple est le seul qui ait frappé mes yeux pendant mes deux ans de séjour en Crimée. De tels malheurs sont la très-minime exception dans notre armée. Aujourd'hui, comme toujours, le militaire français comprend que le terme de la carrière des armes est le sacrifice de soi-même et le dévouement au pays, que la gloire humaine ne saurait être son unique mobile, et que l'espoir d'un bonheur éternel est seul capable de prêter des charmes véritables à la mort du héros. — Les mères aussi le comprennent. Les pères ne l'ignorent pas non plus ; et je voudrais presque que la discrétion et les bornes de cette lettre me permissent de transcrire ici les nobles paroles de tant de parents, officiers généraux et supérieurs, propriétaires, négociants, simples artisans ou autres, qui nous écrivent pour nous recommander leurs enfants ou leurs maris engagés sous les drapeaux. Je n'en citerai qu'un seul exemple. Une mère chrétienne m'annonce le départ de son fils unique pour la Crimée.

« Hélas ! dit-elle, je pleure, et cependant je suis heureuse. J'ai toujours désiré que mon fils fût un bon serviteur de son pays et de son Dieu. En France, il se perdait dans l'oisiveté et dans la débauche. En Crimée, les souffrances et la présence continuelle de la mort le ramèneront sans doute à des sentiments meilleurs, et ses forces et son temps seront consacrés à l'exercice de nobles devoirs. Qu'est-ce que sa mère peut désirer de plus? Sans doute, il succombera peut-être dans la lutte, mais son bonheur éternel sera assuré. Alors je me couvrirai, en pleurant, de mes habits de deuil que je ne quitterai plus; et, pauvre veuve, séparée de mon fils, je consacrerai ma vie aux bonnes œuvres pour obtenir de Dieu qu'il me réunisse éternellement à ceux que j'aime. »

N'est-ce pas, mon Révérend Père, que de telles paroles sont bien dignes de celles de la reine Blanche disant au roi saint Louis :

« Mon fils, j'aimerais mieux vous voir mort à mes pieds que de vous voir commettre un seul péché mortel. »

Réjouissons-nous donc de ces nobles sentiments qui inspirent aux enfants de la France le courage de faire des prodiges. — Je vous laisse sur cette pensée. Je n'irai pas plus loin aujourd'hui. Adieu.

VINGT ET UNIÈME LETTRE

BATAILLE DE TRAKTIR.

A M. LE COMTE DE ***.

14 septembre 1855.

Que vous avais-je dit, mon cher ami. Les Russes n'ont pas triomphé autant qu'on le pensait de leur résistance du 18 juin. Au contraire, ils ont appris à calculer avec le courage malheureux ; ils ont compris, à l'ardeur de nos troupes, que tôt ou tard l'heure fatale sonnerait pour eux ; ils ont cherché à l'empêcher par un coup de désespoir, et leur attaque de Traktir en est la preuve.

Nous avions trois divisions établies le long de la Tchernaïa : la division Camou, la division Herbillon et la division Faucheux. A l'extrême droite de la division Faucheux, les Piémontais étaient campés. La rivière formait à elle seule une barrière infranchissable entre l'ennemi et nous. Un pont cependant permettait de la traverser : c'était le pont de Traktir. Vis-à-vis de nous, sur les montagnes voisines, les Russes avaient établi des camps nombreux; ils avaient dressé des batteries sur le versant des montagnes, et deux de ces batteries, surnommées Gringalet et Bilboquet par nos soldats, lançaient de temps en temps des projectiles sur les promeneurs qui descendaient trop près de la rivière. Pendant assez longtemps, l'ennemi nous regarda bénignement de ce côté-là et sembla ne nous menacer en aucune façon. Mais, lorsqu'il vit notre résolution bien arrêtée de prendre Malakoff, lorsqu'il se sentit pressé de si près qu'une catastrophe devenait imminente, il revint au stratagème essayé dans les commencements du siége. Il tenta de nous prendre en flanc, d'entrer dans notre camp et de nous jeter enfin à la mer.

Le projet était bon, et, s'il eût été exécuté, je doute que la France eût envoyé une seconde armée sous les murs de Sébastopol. Malheureusement pour la Russie, elle avait affaire à des hommes déterminés qui ne prennent pas le change. Impossible, cette fois, de nous assaillir par les hauteurs d'Inkermann; depuis le mois de février nous les occupions et nous avions prévenu toute surprise. Il n'y avait donc pas à hésiter ; le pont de Traktir était le seul endroit abordable. L'ennemi tenta le passage. Le 16 août, sur le matin, une brume épaisse couvrit ses mouvements. Il s'avança dans le silence, parvint au pied du mont Fédioukine et s'efforça de le gravir. Pauvres gens ! on leur avait persuadé que le lendemain de la fête de l'Empereur, nos soldats, plongés dans l'ivresse, se laisseraient égorger dans leurs tentes comme le fameux Holopherne. Leur ébahissement fut grand, sans doute, lorsqu'au premier cri : « Aux armes ! » la division Herbillon tout entière se dressa pleine de force et les culbuta les uns sur les autres jusqu'au fond de la vallée. Une seconde colonne de troupes fraîches essaya vainement de recommencer l'attaque. La division Faucheux n'était pas plus engourdie par les vapeurs du vin que la division sa voisine. Elle accepta bravement une charge à la baïonnette, tandis que des batteries à cheval, dirigées par le colonel Forgeot, foudroyaient les prétendus vainqueurs. Alors on vit tomber le général Read et son chef d'état-major, le général-major de Weimarn. Le succès n'était pas douteux. L'ennemi se replia couvert du sang de ses chefs.

De leur côté, sur la droite, les Piémontais eurent

l'heureuse fortune d'avoir à faire leurs preuves de courage, et leur général put leur dire, à l'issue du combat :

« Hier, pour la première fois, vous avez rencontré l'ennemi... Votre attitude a été telle que je l'espérais, et de nature à mériter les éloges de nos braves alliés. »

A gauche, enfin, le général Camou prenait l'ennemi en flanc et le forçait à précipiter sa fuite.

Une fois de plus, les Russes purent se convaincre que l'heure des Français avait sonné la victoire. Ils laissaient sur le champ de bataille deux mille cinq cents morts, parmi lesquels, outre les deux généraux déjà nommés, le général baron Wrewski, aide de camp du prince Gortschakoff. Seize cent soixante-quatre de leurs blessés furent recueillis dans nos ambulances.

Voilà comment en France on se venge d'une défaite ; Dieu veuille que bientôt nous recevions la nouvelle d'une autre victoire, couronnement glorieux de nobles travaux !

P.-S. — Cette lettre venait d'être terminée, lorsque des dépêches successives annoncèrent la grande nouvelle.

Le 8 septembre au soir, le général Pélissier écrivait :

« L'assaut a été donné à midi à Malakoff. Ses réduits et le redan du Carénage ont été enlevés par nos braves soldats avec un entrain extraordinaire. »

Le 9 septembre, à trois heures du matin, il ajoutait :

« Karabelnaïa et la partie sud de Sébastopol n'existent plus. L'ennemi, voyant notre solide occupation à Malakoff, s'est décidé à évacuer la place, après en avoir ruiné et fait sauter par la mine toutes les défenses… et, d'après ce que j'ai pu voir, il doit en être de même devant les attaques de gauche… Demain, je pourrai préciser le résultat de cette grande journée, dont les généraux Bosquet et de Mac-Mahon ont en grande partie les honneurs. »

Le 9, à huit heures du soir, le général en chef disait enfin :

« Aujourd'hui j'ai constaté que l'ennemi avait coulé les vapeurs ; son œuvre de destruction a continué sous le feu de nos bombes. Des mines sautant successivement et sur beaucoup de points m'ont fait un devoir de différer d'entrer dans la place, qui ne présente plus qu'un vaste foyer d'incendie. »

En même temps, les généraux alliés confirmaient

la nouvelle glorieuse par leurs dépêches à leur gouvernement :

« L'assaut de Malakoff a été couronné de succès, écrivait le général anglais, et cet ouvrage est entre les mains des Français. Pendant la nuit et dans la matinée d'aujourd'hui, les Russes ont évacué la partie sud de la ville, après avoir fait sauter les magasins et les défenses, et en mettant le feu à la ville.

« Le pont qui communique avec la partie nord est rompu.

« Tous les navires de guerre ont été brûlés. »

« L'assaut général donné à Sébastopol dans la journée d'hier, dit à son tour le général de la Marmora, a été couronné d'un succès éclatant. La tour Malakoff a été prise par le corps d'armée du général Bosquet. »

A la réception de semblables nouvelles, la France tomba à genoux. Par un *Te Deum* solennel, elle remercia Dieu qui donne la victoire à ceux qu'il aime.

VINGT-DEUXIÈME LETTRE

PRISE DE SÉBASTOPOL.

AU DIRECTEUR DES PRÉCIS HISTORIQUES, A BRUXELLES.

Octobre 1855.

Mon Révérend Père,

Un grand fait vient de s'accomplir. Sébastopol est pris, et la France est récompensée de ses immenses sacrifices par le plus éclatant de tous les triomphes.

Les rapports du général en chef ont appris à l'Europe par quelle tactique savante on avait obtenu cet admirable résultat. Voulez-vous maintenant que, pour l'édification de vos lecteurs, je vous raconte quelques traits d'héroïsme que des correspondances particulières ou mes relations antécédentes m'ont mis à même de connaître? Aussi bien faut-il s'occuper de ces nobles détails. Pour bien juger la guerre, il importe de se placer à tous les points de vue. Le triomphe est beau. C'est un signe de force. Mais tout sera-t-il dit à la gloire de notre armée lorsqu'on sera convenu que sa puissance a été supérieure à celle de la nation rivale? Non, assurément! La force est la moindre prérogative de l'homme. La guerre ainsi considérée serait un objet repoussant, un théâtre de carnage, une lutte de bêtes féroces. L'homme est grand par son cœur; et le guerrier trouve les sources véritables de sa gloire beaucoup plus dans le dévouement qui lui fait donner sa vie pour son pays que dans la vigueur ou dans l'habileté qui dirige ses coups meurtriers.

Eh bien, disons-le donc à la gloire de notre armée française : si elle est grande et superbe dans la conquête d'une ville, boulevard d'une puissance colossale, « retranchée derrière des défenses formidables, pourvue de plus de onze cents bouches à feu, protégée par les canons de sa flotte et disposant en outre de ressources immenses, » elle est encore plus admirable par la générosité du cœur de ses guerriers.

Le moment est venu! Nous sommes au 8 septembre, fête de la sainte Vierge. Il est huit heures du matin, et le commencement de l'attaque est fixé pour midi. Les troupes se dirigent vers les places d'armes à portée de la tête de nos tranchées. Voyez-vous le calme indicible de ces jeunes hommes qui marchent vers le plus effroyable des dangers?

« Soldats, regardez l'ennemi, comme il est terrible! s'écrient les chefs. Nous vous donnerons l'exemple! Nous comptons sur vous!

— Oui! oui! répondent toutes les voix. Vous ne vous trompez pas. Nous marcherons, nous mourrons peut-être, mais nous vaincrons! »

Que pensent-ils, ces hommes! Et comment expliquer leur intrépidité en face du péril? Sont-ils animés d'une fureur sauvage, et la vengeance est-elle leur mobile? Assurément non! Ils ne connaissent ni les ressorts cachés d'une politique dangereuse ni les sources de la rivalité des nations. Aux heures des armistices, nous les avons vus sur le champ de bataille faire avec leurs ennemis de la veille un pieux échange de procédés courtois ; nous les avons admirés dans les ambulances lorsque, avec une sollicitude inquiète, ils pansaient les plaies et cherchaient à adoucir les douleurs de leurs ennemis vaincus. Ils ont fêté leurs prisonniers, ils les ont appelés à partager leurs repas, et ils ont dit en leur serrant la main :

« Maintenant que le combat est fini, vous êtes nos frères et nos amis ! »

L'ivresse, pas plus que la haine, ne les excite au combat. Ils sont calmes, et pas un cri, pas une clameur, pas un désordre, ne signalent à l'ennemi le mouvement de cette immense armée.

« Je suis d'un calme et d'une confiance qui m'étonnent moi-même, écrit l'un d'eux. Et devant un pareil danger, ce n'est qu'à toi, mon frère, que j'ose le dire. Il y aurait de l'orgueil à l'avouer à d'autres. Je viens de déjeuner pour prendre les forces nécessaires. Je n'ai bu que de l'eau. Je n'aime pas les surexcitations alcooliques ; elles ne nous font jamais rien faire de bien. »

La sensibilité du cœur ne leur manque pas non plus. Ils savent à quoi ils s'exposent, ce qu'ils vont perdre et ce qu'il leur faut quitter.

« Une fois massés vers l'extrémité de nos tranchées, dit un témoin oculaire, en face du terrible combat qui allait commencer, on se retrouvait homme, on pensait à la patrie, aux siens, on échangeait des lettres préparées pour sa famille, pour les personnes si chères qu'on pouvait ne plus revoir.

On serrait la main de son ami, on lui donnait l'accolade du chevalier mourant. »

« Je n'ai que cinq minutes, je vous les donne, écrit le commandant de Lacontrie ; je ne veux pas que vous soyez sans nouvelles de votre sincère ami. En cas où Dieu m'appellerait à lui, priez pour mon âme et *consolez ma pauvre femme.* »

« J'ai pleine confiance en Dieu, dit à son tour le colonel Dupuis en s'adressant à son frère ; mais en t'écrivant j'ai voulu te prouver que, jusqu'à mon dernier soupir, je penserai à toi, à tes enfants, à notre bonne sœur et à tous nos amis [1]. »

Où donc trouverons-nous la source du courage qui va faire faire à ces hommes le plus héroïque des sacrifices ? Écoutez-les eux-mêmes vous en rendre compte dans leurs correspondances intimes. Le sentiment du devoir, l'amour de la patrie et l'espoir d'une récompense certaine dans une vie meilleure inspirent le cœur de ces héros chrétiens.

« Au moment où je vous écris ces deux mots, on bat le rappel, dit un sous-officier de la ligne. Le grand jour est venu. Dans deux heures, nous

---

[1] Tout à l'heure, nous verrons le jeune Henri de Ligniville, capitaine au 1ᵉʳ de zouaves, entraîner sa compagnie à l'assaut de la tour Malakoff et tomber frappé au cœur par la balle ennemie, en s'écriant : *Ma mère ! mon frère !*

montons à l'assaut. Je porte avec dévotion la médaille de la sainte Vierge et le scapulaire que m'a donné ma sœur. Je suis tranquille sur mon avenir, et je dis comme le saint général Drouot : « Celui « que Dieu garde est bien gardé ! »

« Je te serre la main, s'écrie un capitaine, je te serre la main, mon frère, en te disant une dernière fois que je t'aime !... Maintenant, mon Dieu, ayez pitié de moi... Je me recommande à vous avec sincérité... que votre volonté soit faite !... Vive la France ! Il faut que notre aigle plane aujourd'hui sur Sébastopol ! »

Un officier supérieur qui, avant de quitter Marseille, a déposé sa croix d'honneur au pied de la statue de Notre-Dame de la Garde, écrit à sa famille :

« La reine du ciel a déjà beaucoup fait pour votre ami, et mon saint patron m'a beaucoup protégé ; soyez donc tranquilles sur mon avenir, quel que soit le sort de la bataille. »

« Si je meurs, reprend un colonel déjà nommé plus haut, je veux qu'on donne à Notre-Dame de Boulogne ma croix de commandeur. »

Pour éviter de trop longues citations, disons que les sentiments intimes du cœur de l'armée se résument admirablement dans cette lettre d'un de ses chefs les plus distingués :

« Le souvenir de votre cœur d'or, écrit le général Bosquet à un de ses amis de l'île Bourbon, et votre pieuse pensée d'associer mon nom au vôtre dans les prières de votre sainte mère, me reviennent souvent pour me réconcilier avec les mensonges de cette vie... Ici, sur ce petit coin de terre, l'heure suprême est bien proche; que la volonté de Dieu soit faite !

« Pour moi, après avoir baisé la croix de mon épée, j'attends avec confiance et je suis prêt. »

Disons-le donc avec bonheur et répétons-le à la gloire de nos frères d'armes, leur courage a son principe dans les plus nobles sentiments du chevalier chrétien.

Mais voici que l'heure solennelle est arrivée. Les aides de camp du général en chef ont parcouru les lignes et se sont assurés de l'exactitude des dispositions prises. Le général de Salles, à la tête de son corps d'armée, est tout prêt à commencer l'attaque de gauche. Au centre, les Anglais ont pris place devant le grand Redan, et le général Bosquet, sur la droite, se dispose à attaquer Malakoff et le petit redan du Carénage. Il est midi. Le signal est donné.

« A la voix de leurs chefs, les divisions Mac-Mahon, Dulac et de la Motterouge sortent des tranchées. Les tambours et les clairons battent et sonnent la charge, et nos intrépides soldats s'élancent vers les remparts ennemis. » La largeur et la profondeur du fossé, la hauteur et l'escarpement des talus, rendent le passage presque impossible. N'importe! on se précipite dans le fossé, dont les parties rocheuses servent à l'escalade, et tous, officiers et soldats, après s'être aidés sans hésiter des épaules de leurs voisins, la plus grande partie le fusil en bandoulière et grimpant avec une agilité prodigieuse sur le revers des talus, sans même se servir des échelles, arrivent sous un feu plongeant, malgré les baïonnettes, au niveau des embrasures. Alors, les uns se glissent dans la place en passant sur les canons qui tonnaient contre eux, les autres y pénètrent en saisissant les armes qu'on leur opposait et qu'on retirait ensuite à l'intérieur. Mille traits d'audace signalent ce mouvement incroyable. Enfin nos soldats sont parvenus sur le parapet garni de Russes qui se font tuer sur place et qui, à défaut de fusils, se font armes de pioches, de pierres, d'écouvillons, de tout ce qu'ils trouvent sous leur main. Dans ce moment s'engage une lutte corps à corps, une de ces luttes terribles, émouvantes, telles que pouvaient l'inspirer le désespoir d'un côté et le désir de vaincre de l'autre. Enfin, la division Mac-Mahon est maîtresse de la position, et le drapeau de la France flotte sur Malakoff, aux acclamations de l'armée entière. « A droite et au centre, ajoute le rapport du général en chef, avec ce même élan qui avait refoulé tous les obstacles et repoussé au loin l'ennemi, les divisions Dulac et de la Motte-rouge, entraînées par leurs chefs, s'étaient emparées du petit redan du Carénage et de la courtine, en poussant même jusque sur la seconde enceinte en construction. Partout nous étions en possession des ouvrages attaqués. »

Cependant les Russes ne se tenaient pas pour battus. Dans deux retours offensifs, conduits avec une vigueur remarquable et une rare intrépidité, ils essayèrent de reprendre Malakoff. Alors s'établit un combat acharné de mousqueterie. Les Russes, dans des sortes d'abris préparés, dominés par une batterie qui tirait par-dessus leurs têtes, recevaient à bout portant nos pauvres soldats. En même temps une pluie de bombes et d'obus tombait au milieu des rangs. C'est ici surtout que nos magnanimes soldats se montrèrent grands Dans cette effroyable mêlée, le courage et le dévouement se déployèrent au delà de toute expression.

Voici le général de Saint-Pol qui tombe à quarante-cinq ans, frappé d'une balle en pleine poitrine. Nous étions venus ensemble, l'année dernière, de Malte en Crimée.

« Je ne suis pas marié, me disait-il en parlant des chances de l'avenir. Je suis jeune encore et je crains la vieillesse. Trop souvent les vieillards sont à charge à ceux qui les entourent. Aussi ai-je sollicité mon envoi en Crimée. Je demande à Dieu d'y servir aussi longtemps que mon épée sera utile à la France. Ensuite, je serai heureux de mourir sur le champ des braves avant que ma vie soit devenue inutile. »

A son tour, le général de Pontevès va payer le noble tribut de son dévouement au pays. Deux balles lui ont traversé la poitrine, et un éclat d'obus lui a fracassé l'épaule. Issu d'une des plus illustres familles de Provence, frère du duc de Sabran, jeune encore et pouvant prétendre à de hautes faveurs, il regarde la mort sans effroi. Il tourne ses regards du côté de la religion, à laquelle, pendant sa vie entière, il avait demandé sa force et son courage; ensuite il donne ses ordres pour le règlement de ses affaires ; et son dernier souvenir et son dernier présent sont pour sa paroisse et pour les pauvres de son pays.

Un peu plus loin, les généraux Breton et Rivet succombaient avec le même courage.

Voyez-vous encore ce jeune commandant, au port noble, à la physionomie ouverte et expressive, qui entraîne ses chasseurs vers la *batterie noire,* qu'il s'agit d'emporter à la baïonnette. C'est un jeune Breton, allié à la fille d'un maréchal de France, dont un colonel disait quelques jours auparavant :

« Cornulier est un homme exceptionnel ; rappelez-vous ce que je vous dis ; s'il n'est pas tué ici, c'est un homme qui marquera en France. »

Il est monté le premier sur le parapet, et, tourné du côté de ses chasseurs, levant son sabre en l'air, il crie : « En avant! » Au même moment il est frappé d'une balle et tombe roide mort. Je ne m'étonne pas de ce témoignage que lui rend un de ses camarades :

« Sa figure, après sa mort, dit M. de Lambilly, avait un air de sérénité ineffable; il était aussi calme que s'il avait paru dormir ; son bras droit était encore tendu comme s'il avait brandi son sabre, et son bras gauche, encore à moitié plié, avait la position qu'il occupait lorsqu'il montrait de la main gauche les Russes à ses soldats. »

Oui, cette noble attitude de son corps était bien l'expression de sa belle âme. Je me souviens que ce printemps, à son retour de Constantinople, où il avait été se guérir de ses premières blessures, il me disait :

« Je vous en prie, accueillez-moi, quoique malade, et laissez-moi venir demander l'absolution aussi souvent que je le voudrai ; j'ai une belle position, je suis jeune, j'ai surtout une femme que j'aime de toute mon âme ; pour sacrifier tout cela au service de mon pays, il me faut Dieu. Si Dieu me protége, je puis mourir. Il sera lui-même, après moi, la consolation de ma famille. »

Maintenant, si vous le voulez, oublions un moment tous ces morts généreux pour recevoir les nobles exemples que nous donnent les blessés.

« A chaque instant, dit un officier d'état-major, on voyait passer des soldats atteints de blessures graves, mais qui ne les empêchaient pas de se tenir debout et d'aller seuls jusqu'à l'ambulance pour se faire panser, et lorsqu'on leur offrait de leur venir en aide :

— Non, répondaient-ils, nous aimons mieux laisser les camarades occupés à se battre qu'à nous porter. »

Un de ces braves soldats, en passant devant nous à la Redoute, demandait s'il serait possible de lui donner à boire; et, comme les officiers s'empressaient autour de lui :

« Messieurs, ajouta-t-il, ayez la complaisance de me faire boire vous-mêmes, car j'ai le bras gauche cassé par un éclat d'obus; l'os ne tient presque plus, et je suis obligé de soutenir ma main gauche avec ma main droite. »

Quelques personnes essayèrent alors de lui adresser des paroles de consolation :

« Oh! répondit-il, je connais mon affaire : un bras de moins; c'est égal, nous avons la victoire. »

Sur ce terrain encore, les généraux et les officiers montraient l'exemple. Nous avons vu revenir à sa tente, donnant le bras à un seul soldat, le général Bourbaki, blessé d'une balle à la poitrine. Plus tard, le général de la Motterouge, blessé à la tête par la terrible explosion de la courtine qui relie Malakoff au petit Redan, arrivait à la redoute Lancastre le visage ensanglanté, accompagné d'un colonel et d'un capitaine de la garde impériale également blessés. Ils étaient à pied, et, malgré leurs souffrances, ils n'avaient pas voulu se faire porter. Tous les officiers agissaient d'après le même sentiment, la même pensée.

Nous avons visité les deux ambulances de tranchée. Impossible d'être témoin de plus d'abnégation, de courage et de résignation. Pas une plainte ne sortait de la bouche des blessés, qui surmontaient leurs souffrances avec une énergie admirable. Les seuls mots qu'ils prononçaient étaient des paroles de remercîment et de reconnaissance pour les officiers de santé.

Lorsque, dans la nuit, la première détonation se fit entendre et retentit à travers les échos du ravin comme le bruit de la foudre, tous les blessés qui se rendaient à l'ambulance du Carénage s'arrêtèrent en passant sur le sommet d'un plateau d'où ils pouvaient contempler Sébastopol en feu, et ils y restèrent jusqu'au jour, oubliant leurs souffrances. Parmi eux se trouvait un sergent d'infanterie que deux soldats portaient sur un brancard en toile. Il était mortellement frappé. N'importe ; il donne aux soldats qui le portaient l'ordre de s'arrêter. Il ne souffrira pas qu'on l'emmène ailleurs, dit-il, il veut mourir en cet endroit. Alors il se met sur son séant, le haut du corps appuyé contre une grosse pierre, le visage tourné vers la ville en flammes; il contemple avec joie le triomphe de la France ; et bientôt, sentant la vie s'échapper, il rassemble ses forces, ôte son képi, élève en l'air son bras défaillant, et s'écrie :

« Adieu, mes amis. Sébastopol est à nous! Vive la France ! »

Ensuite sa tête retombe sur sa poitrine, et il expire.

Parcourons, à la suite de notre narrateur, le champ de bataille, à la courtine, au petit Redan, au saillant et au fossé de Malakoff, aux batteries noires; partout, aux endroits les plus avancés, les plus dangereux, les plus difficiles, on trouvait le corps d'un officier qui précédait le corps de ses soldats morts comme lui glorieusement et groupés à ses côtés. L'expression énergique et sereine de tous ces nobles hommes était remarquable; leur main pressait encore avec énergie l'arme précieuse et amie, compagne fidèle de leurs glorieux travaux, et leur visage respirait l'épanouissement de la victoire.

Ce n'est pas assez encore pour nos soldats de se montrer intrépides en face de la mort, courageux dans la souffrance et pleins d'ardeur au combat; ils seront grands aussi dans leur conduite vis-à-vis de leurs ennemis vaincus, et l'histoire ne saura ce qu'elle devra admirer davantage en eux, de leur humanité ou de leur courage. « Pendant la bataille, on les a vus, dit un témoin oculaire, secourir les blessés russes avec empressement et amour. Sans cesse passaient devant nous des cacolets sur lesquels étaient d'un côté un soldat français, et, de l'autre, un soldat russe, objet des mêmes soins.

« Nous relèverons, entre mille, un fait qui montre le bon cœur autant que le bon sens de nos troupes. Le matin de l'incendie, un zouave passait se dirigeant vers l'ambulance. Il avait un coup de feu à la jambe gauche et marchait appuyé sur son fusil. Il accompagnait deux Russes plus grièvement blessés que lui, et il s'occupait d'eux avec une grande sollicitude. Tantôt il s'arrêtait pour arranger un petit pansement provisoire qu'il leur avait fait ; tantôt il commandait halte pour leur donner à boire au moyen d'une gourde suspendue à son côté. Il accompagnait tout cela de bonnes paroles, dont les soldats russes ne comprenaient pas le sens littéral, mais dont le son de la voix leur faisait apprécier la portée bienveillante. Lorsque nous passâmes, il faisait boire le plus jeune des deux Russes, qui paraissait aussi le plus souffrant, et il lui disait dans son jargon militaire si expressif dans sa naïveté :

« Bois, bois, mon vieux ; ce n'est pas votre faute, à vous, ce qui est arrivé. Vous avez fait votre devoir de soldat. Vous êtes de braves gens comme nous ! »

Tels sont nos soldats, terribles pendant le combat, bons et humains après la victoire.

Mais terminons, de peur d'être infini. La lutte durait encore. Les généraux Bisson et Couston tombaient frappés, et le général Bosquet lui-même avait l'épaule contusionnée par un biscaïen. A la vue de tous ces généraux blessés ou tués, de tous ces officiers qui jonchaient le terrain, les soldats redoublaient d'ardeur et faisaient des prodiges. Enfin le général de Mac-Mahon, le digne successeur du général Canrobert, qui, depuis le matin, exposé à la mitraille, avait vu son fanion traversé par quarante-deux balles et frappé de deux boulets, écrivit au général en chef :

« Je suis dans la tour Malakoff, et je suis sûr de m'y maintenir. »

Le jour commençait à baisser ; et l'ennemi, désespérant de reprendre la tour, venait de s'arrêter à un grand parti ; il évacuait la ville. Bientôt, des incendies se manifestèrent sur tous les points, et la nuit qui vint terminer cette journée fut illuminée par des clartés terribles.

« Le lendemain, dit le rapport officiel, le soleil, en se levant, éclaira cette œuvre de destruction. Les derniers vaisseaux russes mouillés dans la rade étaient coulés; le pont était replié. L'ennemi n'avait conservé que ses vapeurs, qui enlevaient les derniers fugitifs. Çà et là, on voyait encore des soldats russes parcourant tous les quartiers avec des torches à la main, et mettant le feu aux maisons. Mais bientôt ces quelques hommes, ainsi que les vapeurs, furent contraints de s'éloigner et de chercher un refuge dans les anses de la rive nord de la rade. Sébastopol était à nous! »

Telle fut l'issue de cette journée du 8 septembre, dans laquelle la valeur de nos armées triompha d'une des forces les plus imposantes que le monde pût leur opposer.

Le plus bel éloge qu'on puisse faire du courage de nos troupes, c'est de rappeler la défense intrépide que leur opposaient nos vaillants ennemis.

« Rendez-vous donc, commandant, s'écria, dit-on, le général de Mac-Mahon arrivant au sommet des ouvrages Malakoff. Espérez-vous résister encore?

— Jusqu'à la mort, n'est-ce pas, mes enfants? » reprit l'officier russe en se tournant vers ses soldats?

Et les Russes demeurèrent intrépides, vendant chèrement leur vie ; tandis qu'un peu plus loin une centaine d'entre eux, logés dans un réduit derrière une traverse, brûlaient jusqu'à leur dernière cartouche et ne se rendaient qu'en voyant jeter parmi eux des fascines enflammées.

En présence d'un ennemi si redoutable, les chefs, qui connaissaient leurs soldats et qui savaient que des combats de nuit ne sauraient convenir à des troupes d'élite, avaient décidé que l'attaque aurait lieu en plein jour, à la face de Dieu et du soleil, afin que nos hommes pussent voir leur ennemi et combattre poitrine contre poitrine. Leurs prévisions n'ont pas été fausses. Nos troupes se sont élancées avec une bravoure surhumaine, à l'exemple des officiers qui marchaient en avant pleins de courage et d'ardeur.

Si vous le voulez, mon Révérend Père, nous terminerons notre longue lettre par cet exposé des sentiments d'un fils à son père; il résume parfaitement ce que nous avons dit du principe chrétien qui est le ressort et le mobile de l'ardeur énergique de nos soldats.

« Le matin de la bataille, raconte le noble enfant, j'avais été voir l'aumônier de ma division.

Vous savez pourquoi faire, car sous l'uniforme je n'ai pas oublié vos bons conseils, mon père. Je lui avais montré la médaille de la sainte Vierge que m'avait remise ma bonne mère, et il m'avait répondu :

« Allez, mon bon ami, on ne périt jamais sous la « protection de Marie ; et, si le ciel demande pour « votre pays le sang qui coule dans vos veines, la « Reine du ciel vous ouvrira une patrie meilleure. »

« Je vous assure, mon vertueux père, que ces saintes et patriotiques paroles du brave aumônier, ainsi que le souvenir de ma tendre mère, ravie à mon affection il y a quelques mois, m'ont soutenu avant et pendant le combat, en me donnant un espoir que la religion seule est capable de mettre dans l'âme.

« Si j'avais vu la mort venir à moi, c'eût été sans terreur; car j'avais mis ordre aux affaires de ma conscience. Tous les sous-officiers de mon bataillon, moins deux, en avaient fait autant. J'ai aussi compté, ce jour-là, vingt-sept officiers, y compris mon commandant, qui sont allés visiter la tente de notre digne aumônier. Le démon, comme vous le voyez, n'a pas encore l'âme de tous les militaires. Faites lire, je vous en prie, ma lettre à mon pauvre frère qui ne pratique pas, lui, la religion, quoiqu'il m'ait avoué un jour qu'il avait la foi. S'il savait la paix que goûte une âme vouée à Dieu et à son pays, il n'hésiterait pas un seul instant à se la procurer. Adieu, mon père, croyez bien que votre fils ne trompera pas vos espérances et qu'il se conduira toujours comme un chrétien et un Français. »

Je n'ajoute rien, mon Révérend Père, aux réflexions du jeune sous-officier! En reconnaissant les sentiments de foi qui animent notre armée, je comprends le bonheur avec lequel l'Église s'est associée à la joie commune en chantant son cantique solennel d'actions de grâces. Bénissons Dieu avec elle et demandons-lui qu'il continue sa protection à une armée qui s'en montre si fort reconnaissante.

EXTRAIT DE MON JOURNAL.

<blockquote>Au grand quartier général, 5 juillet 1856, jour du départ du maréchal commandant en chef et des dernières troupes françaises.</blockquote>

Dix mois se sont écoulés depuis la chute de Sébastopol. La guerre est enfin terminée, et nous partons pour la France.

J'interroge mes souvenirs, et je leur demande ce qui s'est passé durant cette seconde période de la guerre. La campagne ne me présente plus ni ces péripéties étranges ni ces grandes luttes qui agitent le cœur et frappent l'esprit. Sans doute il y eut encore du sang généreusement versé ; sans doute le froid, la neige, les privations de tout genre et de terribles maladies éprouvèrent aussi le moral de l'armée ; sans doute mille épreuves semblables à celles de l'année précédente furent de nouveau la source des plus héroïques vertus ; mais l'esprit humain se lasse de contempler les plus belles choses, lorsque le tableau en devient uniforme. Je n'ajouterai donc rien à mes récits.........

Cependant je ne saurais quitter pour toujours cette terre de Crimée, théâtre de nos douleurs et de nos joies, sans la saluer encore. Je m'agenouille une dernière fois sur les tombes nombreuses qu'elle renferme, je récite encore une prière pour le repos de l'âme de tant de nos frères qui dorment sous la glorieuse poussière des champs de bataille; et puis, prenant dans mes mains une portion de la cendre de ces héros, je l'élève vers le ciel et je demande à Dieu que ce magnifique holocauste, offert par les fils de la France, attire sur notre belle patrie la paix abondamment promise aux hommes de bonne volonté.

Que le Seigneur des miséricordes et la Vierge Immaculée entendent cette prière, et qu'à la palme de la terre, si glorieusement acquise, ils daignent ajouter, pour les vivants et les morts, la couronne de l'immortalité céleste!

DATES

QUI MARQUENT LE PLUS DANS LA GUERRE DE CRIMÉE.

Le 4 septembre 1854 : Embarquement de l'armée française (25,000 hommes), et de l'armée turque (8,000 hommes), à Varna.

Le 9 septembre : La flotte, portant l'armée anglaise (25,000 hommes), rallie la flotte turco-française à l'île des Serpents.

Le 14 septembre : Débarquement des armées alliées à Eupatoria, près de Vieux-Fort. Cette opération n'est pas contrariée par les Russes; elle dure six heures.

Le 20 septembre : Bataille de l'Alma.

Le 27 septembre : L'armée alliée, après avoir franchi l'Alma, le Belbeck et plusieurs cours d'eau, arrive, par une marche de flanc, sur les hauteurs de Balaklava. Les Anglais s'emparent de cette ville et y établissent leur base d'opérations.

Le 29 septembre : Reconnaissance de Sébastopol.

Le 9 octobre : Ouverture de la tranchée à 700 mètres de la place.

Le 17 octobre : Ouverture du feu contre la place. Les flottes combinées y prennent part.

Le 25 octobre : Bataille de Balaklava.

Le 6 novembre : Bataille d'Inkermann.

Le 22 mai 1855 : Prise du Cimetière.

Le 24 mai : Expédition dans la mer d'Azoff. Succès complet

Le 25 mai : L'armée alliée occupe la ligne de la Tchernaïa.

Le 7 juin : Prise du Mamelon-Vert.

Le 18 juin : Assaut infructueux donné à Malakoff.

Le 16 août : Bataille de Traktir.

Le 8 septembre : Prise de Malakoff.

Le 9 septembre : L'ennemi évacue la partie méridionale de la ville et se retire dans la partie nord.

Nota. La tranchée ayant été ouverte le 9 octobre 1854, il y a donc eu 330 jours de travaux à exécuter sous le feu de la place et malgré les sorties des assiégés. Sur plusieurs points, il a été fait jusqu'à 7 parallèles.

Le feu ayant été ouvert le 17 octobre 1854 et la ville ayant été prise le 8 septembre 1855, Sébastopol a été bombardé et canonné pendant 322 jours.

Le 30 mars 1856 : Signature de la paix.

Le 5 juillet : Départ du maréchal commandant en chef et des dernières troupes françaises.

FIN.

TABLE DES MATIÈRES

Avant-propos.. v

Première Lettre. — Départ de Varna. — Bataille de l'Alma. 1

Deuxième Lettre. — Les tranchées et la bataille de Balaklava. 17

Troisième Lettre. — L'aumônerie de l'armée. . . . 31

Quatrième Lettre. — La journée du 17 octobre et l'ouragan du 14 novembre. 47

Cinquième Lettre. — Inkermann. 58

Sixième Lettre. — Noble attitude de l'armée. 73

Septième Lettre. — Le camp et la vie du soldat. . . 98

Huitième Lettre. — Les sorties nocturnes. — Mort du commandant Coué. 114

Neuvième Lettre. — Transport des blessés à Constantinople. 129

Dixième Lettre. — Eupatoria 147

Onzième Lettre. — Influence de la présence des Français en Turquie. 160

Douzième Lettre. — Attaques françaises et sorties des Russes. — État du camp au mois d'avril. 176

Treizième Lettre. — Les ambulances. 188

Quatorzième Lettre. — Événements du mois de mai. . 206

Quinzième Lettre. — Le sentiment religieux dans l'armée. 212

Seizième Lettre. — Le Mamelon-Vert. 235

Dix-septième Lettre. — Kertch. 242

Dix-huitième Lettre. — Malakoff. 256

Dix-neuvième Lettre. — État du siége au mois de juillet. 264

Vingtième Lettre. — Quelques traits remarquables. . 270

Vingt et unième Lettre. — Bataille de Traktir. . . . 288

Vingt-deuxième Lettre. — Prise de Sébastopol. . . . 294

Extrait de mon journal. 315

Dates qui marquent le plus dans la guerre de Crimée . 317

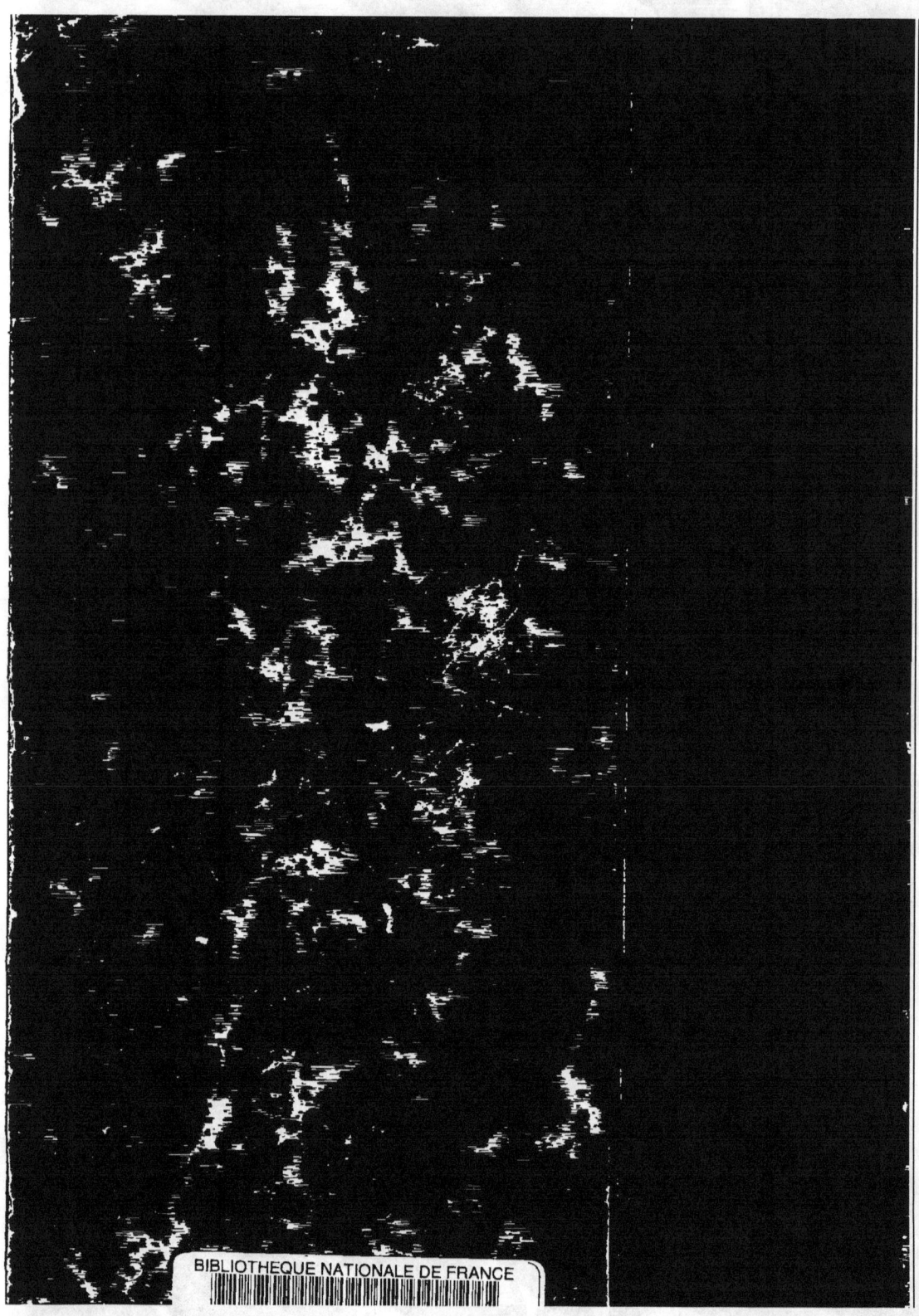

www.ingramcontent.com/pod-product-compliance
Lightning Source LLC
Chambersburg PA
CBHW072021150426
43194CB00008B/1204